INHALTSVERZEICHNIS

© der deutschsprachigen Ausgabe:
Fleurus Verlag GmbH, Köln 2008
Alle Rechte vorbehalten
© Editions Fleurus, Paris 2008
Titel der französischen Ausgabe:
Pourquoi comment, La nature
ISBN 978-3-89717-567-9
Printed in Italy

10 9 8 7 6 5 4 3 2 1

NATUR

Idee:
Emilie Beaumont

Text:
Emmanuelle Paroissien

Illustrationen:
Bernard Alunni, Marie-Christine Lemayeur,
Yves Lequesne

Aus dem Französischen von
Friederike Spatz und Pascal Froger

FLEURUS

DIE ERDE

- *Die Erde entstand vor 4,5 Milliarden Jahren. Sie ist 150 Millionen km von der Sonne entfernt und das Sonnenlicht braucht acht Minuten, bis es uns erreicht. Die Erde ist genau wie die Venus, der Mars und der Merkur ein annähernd runder, schwerer und fester Planet. Außerdem ist sie ein lebendiger Planet, unter dessen Oberfläche geheimnisvolle Prozesse ablaufen. Die Erde gleicht einem Ei: Sie ist von einer dünnen, harten Schale, der Erdkruste, umgeben. Diese ruht auf einer zähflüssigen Masse aus geschmolzenem Gestein, dem Erdmantel, und im Mittelpunkt befindet sich der Erdkern.*

- *Der Kern ist 6370 km von der Erdoberfläche entfernt. Seine Temperatur beträgt um die 6000 °C.*

- *Die Erde wiegt 6000 Trillionen Tonnen, das ist eine 6 mit 25 Nullen!*

ENTSTAND die Erde sofort nach dem Urknall?

Nein, dazu war es mit 100 Milliarden °C noch viel zu heiß! Bei dieser Temperatur gibt es keine festen Stoffe. Der Urknall ereignete sich vor 15 Milliarden Jahren. Erst einige Hunderttausend Jahre später, nachdem das Universum abgekühlt war, ballten sich die kleinen Teilchen zusammen. Sie bildeten so die ersten Galaxien. Unsere Galaxie heißt Milchstraße und entstand vor 5 Milliarden Jahren.

WELCHE Form hat die Erde?

Früher glaubten die Menschen, sie sei eine flache Scheibe. Dann bewiesen

Die Erde ist einer der neun Planeten des Sonnensystems. Sie umkreist in einem Jahr einmal die Sonne. Da der größte Teil der Erde von Wasser bedeckt ist, sieht sie vom All aus betrachtet blau aus.

Wissenschaftler, dass sie fast so rund wie eine Kugel ist, so wie alle anderen Planeten auch. Dafür gibt es eine einfache Erklärung: Der Weltraum gleicht einem riesigen Kreisel, in dem sich alles mit großer Geschwindigkeit dreht. Deshalb ballen sich die im All umherfliegenden Teilchen zu Kugeln zusammen, anstatt auseinanderzustreben.

heiß. Mars hingegen ist weiter von der Sonne entfernt, sodass es dort viel zu kalt ist. Vor allem aber hat die Erde die richtige Dichte, das heißt, dass sie schwerer ist als Luft. Nur so konnte das geschmolzene Gestein an der Oberfläche fest werden und den Erdboden bilden. Jupiter und Saturn hingegen haben zwar einen festen Kern, bestehen aber zum großen Teil aus Gasen.

WIESO besteht die Erde aus festem Material?

Aufgrund eines sehr heftigen Windes, der von der Sonne kam. Er verwehte alle leichten Bestandteile der sonnennahen Planeten Erde, Merkur, Venus und Mars. Nur die schweren Teilchen blieben zurück und bildeten so unseren Planeten. Andere, die weiter von der Sonne entfernt sind, blieben ganz leicht: Jupiter würde trotz seiner Größe (er nimmt mehr als 1388-mal so viel Raum wie die Erde ein) auf dem Wasser treiben.

WARUM gibt es nur auf dem Planeten Erde Leben?

Weil es auf der Erde Luft zum Atmen und Wasser gibt. Außerdem herrscht gerade die richtige Temperatur. Venus ist der Sonne näher als die Erde. Dort ist es deshalb zu

WARUM ist die Erde nicht kugelrund?

Weil sie sich um sich selbst dreht und von der Luft leicht zusammengedrückt wird. So wurde sie an den Polen etwas flacher und am Äquator etwas dicker. Die Erde sieht also wie ein ovaler Ball aus.

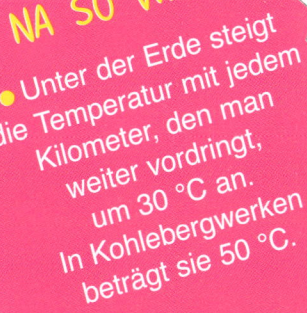

NA SO WAS!

• Unter der Erde steigt die Temperatur mit jedem Kilometer, den man weiter vordringt, um 30 °C an. In Kohlebergwerken beträgt sie 50 °C.

DIE BEWEGUNG DER KONTINENTE

- *Man nahm lange Zeit an, die Erde habe schon immer so wie heute ausgesehen. 1912 bewies aber ein Wissenschaftler, dass die verschiedenen Kontinente vor 600 Millionen Jahren einen einzigen Kontinent bildeten: Pangäa. Erst später begannen sie sich voneinander zu entfernen. Sie verschieben sich noch heute mit einer Geschwindigkeit von ein paar Zentimetern pro Jahr.*

- *Der Atlantik wird jedes Jahr um 2 cm größer.*

- *Das Mittelmeer hingegen schrumpft jährlich um 2 cm und wird in einigen Millionen Jahren ganz verschwunden sein.*

WARUM drifteten die Kontinente auseinander?

Der Erdmantel, der unter der Erdkruste liegt, besteht aus geschmolzenem, brodelndem Gestein. Diese köchelnde Suppe drückt von unten gegen die Erdkruste, die deshalb vor langer Zeit in große Stücke zerbrach. Die Platten tragen die Kontinente, Meere und Ozeane und ruhen frei beweglich auf der zähflüssigen Schicht des Erdmantels. Auf dieser treiben sie wie Flöße hin und her.

WODURCH bewegen sich die Kontinente?

Um ein Floß in Bewegung zu setzen, muss man es anstoßen. Mit den Kontinenten ist es genauso. Am Grund der Ozeane durchbricht kochende Lava die Erdkruste. Sobald die Lava mit dem kalten Wasser in Berührung kommt, wird sie fest. Sie füllt die Spalte im Meeresboden, durch die sie aufgestiegen ist, aus und vergrößert so nach und nach den Ozean. Dadurch verschieben sich die Kontinente.

WARUM sieht man an den Plattenrändern keine Risse oder Löcher?

Weil sie sich am Meeresgrund befinden. Allerdings tritt manchmal so viel Lava an den Plattenrändern aus, dass sich Berge aus erkalteter Lava bilden, deren Gipfel aus dem Meer ragen. Diese Berge, die Meeresrücken heißen, können ganze Inseln bilden wie zum Beispiel Island.

WAS passiert, wenn zwei Platten aneinanderstoßen?

Dann kommt es zu einem Kräftemessen. Meist schiebt sich schließlich eine Platte unter die andere. Manchmal falten sich auch ihre Ränder auf und bilden Gebirge. Der Himalaja ist auf diese Art entstanden und mit ihm die höchsten Gipfel der Erde.

WARUM wird Kalifornien eines Tages eine Insel sein?

Weil in Kalifornien zwei Platten aufeinanderstoßen: Die eine Platte trägt den Pazifik, die andere Amerika. Eine der beiden drängt nach Norden, die andere nach Süden, aber keine gewährt der anderen die „Vorfahrt". Also reiben sich die beiden Platten ständig aneinander. Zunächst bekam die Erdoberfläche entlang der Plattenränder Risse, bis sich schließlich ein Graben bildete, der jedes Jahr mehrere Zentimeter breiter wird.

Die Bergkette des Himalaja ist entstanden, als sich die indische Platte mit Wucht in die asiatischen Platten schob.

NA SO WAS!

● Die Meeresrücken der Erde erstrecken sich über 64 000 km. Aus ihnen quellen jährlich 21 Millionen Liter Lava: mehr als aus allen Vulkanen der Erde zusammen.

VULKANE

Die meisten der rund 10 000 Vulkane der Erde liegen an den Pazifik-küsten. Sie bilden den „Ring of fire", den Feuerring. Sie entstanden, als die Pazifische Platte mit der Amerikanischen und Euroasiatischen Platte zusammenstieß. Die Vulkane des Mittelmeerraumes bildeten sich, weil sich die Afrikanische Platte und die Euroasiatische Platte trafen.

- Ausströmende Lava ist 1000 °C heiß.

- Jedes Jahr kommt es durch die rund 500 aktiven Vulkane auf der Erde zu mehreren Dutzend Vulkanausbrüchen.

- Der höchste Vulkan unseres Planeten ist der 6885 m hohe Nevados Ojos in Chile.

WIE entsteht ein Vulkan?

Wie du schon weißt, befindet sich unter der Erdoberfläche kochendes geschmolzenes Gestein, die Lava. Weil die Platten der Erdkruste ständig in Bewegung sind und sich aneinanderreiben, fällt von Zeit zu Zeit ein Stück Erdkruste in die kochende Lava und schmilzt. Dadurch entsteht immer mehr Lava, bis die Erde sie nicht mehr halten kann. Dann bahnt sich die Lava ihren Weg nach oben und tritt an der Erdoberfläche aus.

WARUM bilden Vulkane oft Inselgruppen?

Da die Vulkane auf den Platten liegen, bewegen sie sich ebenso. Das ist ein bisschen, als ob sie sich auf Fließbändern befänden. Die Lava bricht aber immer an der gleichen Stelle aus. Hat sich der alte Vulkan also verschoben, entsteht beim nächsten Ausbruch ein neuer Vulkan an seiner

Seite. Der alte Vulkan ist nun nicht mehr aktiv, er ist erloschen. Der Mauna Loa ist der jüngste Vulkan der Insel-gruppe Hawaii. Er ragt 9000 m über den Meeresboden empor und ist damit die höchste Erhebung der Erde.

Manche Vulkane speien Lava, andere stoßen Staub in die Luft, der die Sonne hinter riesigen Wolken verschwinden lässt.

WARUM sind ruhende Vulkane gefährlich?

Vulkane, die noch rauchen, sind nicht die gefährlichsten. Denn Vulkane, die völlig ruhig erscheinen, können ohne Vorwarnung plötzlich explosionsartig ausbrechen. Die Lava durchbricht dann den von Steinen verstopften Schlot des Vulkans, schießt wie ein Feuerwerk in den Himmel und wälzt sich mit 600 km/h die Hänge hinunter. Auf ihrem Weg ins Tal hinterlässt sie eine Spur der Verwüstung.

WIE entstehen Schlammlawinen?

Im Jahr 79 wurde die Stadt Pompeji bei einem Ausbruch des Vesuvs unter einer Lawine aus Schlamm begraben. Der Schlamm entsteht, wenn sich die Vulkanasche mit Wasser mischt. Vulkanausbrüche bei starkem Regen sind also besonders gefährlich. Ähnliches passiert auch, wenn der Vulkan so hoch ist, dass er von ewigem Eis und Schnee bedeckt ist, die bei dem Ausbruch schmelzen.

WARUM sind Kraterseen gefährlich?

Am Seegrund, wo das Wasser kalt und schwer ist, sammeln sich giftige Gase, die durch das warme darüberliegende Wasser zurückgehalten werden. Beim geringsten Erdstoß können diese unsichtbaren Gase aber frei werden und alles Leben im weiteren Umkreis abtöten.

NA SO WAS!

● Der größte Vulkan unseres Sonnensystems befindet sich auf dem Mars. Er heißt Olympus Mons, ist 26 400 m hoch – das ist 3-mal so hoch wie der Mount Everest – und 1,5-mal so groß wie Deutschland.

ERDBEBEN

Erdbeben entstehen genau wie Vulkanausbrüche, wenn sich Kontinentalplatten aneinanderreiben oder aufeinanderprallen. In den letzten 400 Jahren fielen 260 000 Menschen Vulkanausbrüchen zum Opfer. Erdbeben sind jedoch noch gefährlicher. Sie forderten 2,5 Millionen Menschenleben. Erdbeben gehören zu den schrecklichsten Naturkatastrophen der Erde.

Die Stärke eines Bebens wird anhand der Richterskala gemessen, die von 1 bis 8,9 geht.

8,9 Punkte auf der Richterskala erreichte 1755 in Lissabon das stärkste je auf der Erde gemessene Erdbeben.

Ab 4 Punkten auf der Richterskala beginnen wir die Erdstöße wahrzunehmen.

WIE entstehen Erdbeben?

Wenn zwei Platten aufeinandertreffen, versuchen sie sich gegenseitig zu verdrängen. Dies beginnt ganz sanft. Dann steigt der Druck und es kommt zu einem plötzlichen Ruck: Eine der Platten hat sich mit ihrem Gewicht von mehreren Milliarden Tonnen nach oben oder unten verschoben. Der zwischen den Platten entstandene Bruch entlädt sich durch Schwingungen, die bis an die Erdoberfläche steigen und die Erde erschüttern.

WARUM ist völlige Ruhe verdächtig?

In den gefährdeten Gebieten des Mittelmeerraumes und entlang des Pazifik, wo die Platten sich ständig in die Quere kommen, ereignen sich täglich kleinere Beben (in Griechenland sind es vier pro Tag!). Wenn gar keine Erdstöße wahrzunehmen sind, bedeutet dies, dass sich die Platten gegeneinanderstemmen, ohne auch nur einen Millimeter nachzugeben. Es wird also irgendwann zu einem gewaltigen Erdbeben kommen!

WIE entstehen Erdrutsche?

In Asien weichen das heiße Klima und die täglichen Regenfälle den Boden auf und lassen Felsen verwittern. Bei einem Erdbeben lösen sich deshalb schnell ganze Berghänge, die Häuser und Felder unter sich begraben. Manchmal sackt auch der Grund eines Sees ab, sodass die Dörfer an seinen Ufern mit in die Tiefe gerissen werden.

Selbst ein Erdbeben, das nur wenige Sekunden dauert, kann sehr solide Gebäude wie Kartenhäuser in sich zusammenstürzen lassen.

WARUM sind Erdbeben laut?

Ein Erdbeben erzeugt Geräusche wie ein Hochgeschwindigkeitszug, der in einen Tunnel einfährt. Dieser immense Lärm kommt nicht von den einstürzenden Häusern, sondern von den Schwingungen, die mit einer Geschwindigkeit von 6,5 km/s an die Oberfläche steigen. Sie bahnen sich ihren Weg durch die Erde, das Wasser, Lava und die Luft. Es sind die Druckwellen in der Luft, die das schreckliche Ächzen und Stöhnen erzeugen.

WARUM gibt es leichte und schwere Erdbeben?

Oft bewegen sich die Platten nur wenige Zentimeter vor und zurück. So entstehen kleine Risse nahe an der Erdoberfläche. Die Schwingungen steigen direkt nach oben und es entsteht ein leichtes Beben. Wenn sich die beiden Platten aber heftig verkanten, wird es ernst. Bis in 700 km Tiefe brechen sie auseinander und setzen dabei heftige Schwingungen frei. Diese steigen nach oben, verteilen sich in alle Richtungen und lassen die Erde gefährlich beben.

NA SO WAS!

• 300 000-mal bebt die Erde pro Jahr. 50 000 dieser Beben finden allein in Japan statt. Allerdings nimmt der Mensch nur 1 % dieser Erdbeben wahr.

DER HIMMEL

- *Was wir Himmel nennen, ist eigentlich eine dünne, unsichtbare Gasschicht, die unseren Planeten umgibt und schützt. Diese Schicht heißt Atmosphäre. Ohne sie wäre es tagsüber 85 °C heiß und nachts −140 °C kalt. Die Atmosphäre besteht zu 21 % aus Sauerstoff, zu 78 % aus Stickstoff sowie aus*

  Kohlendioxid, Wasser und einer Menge winziger Staubteilchen.

- *Die Atmosphäre entstand vor 580 Millionen Jahren.*

- *Sie reicht vom Erdboden bis in 700 km Höhe.*

- *In jedem Kubikmeter Luft schweben 50 Millionen Staubteilchen.*

WIE entstand die Atmosphäre?

Die Atmosphäre hat sich durch die Tätigkeit der Vulkane gebildet. Bei ihren Ausbrüchen schleuderten sie Gas und Staub in den Weltraum. Diese Teilchen wurden umhergewirbelt, von Blitzen getroffen und gerieten in Stürme. Unter Einwirkung der Sonnenenergie verwandelten sie sich in die Luft, die wir heute atmen.

WARUM ist der Himmel blau?

Die Sonnenstrahlen bestehen aus bunten, verschieden langen Lichtwellen. Wenn die Sonne hoch am Himmel steht, fallen die kurzwelligen blauen Strahlen direkt auf die in der Luft schwebenden Staubteilchen und werden von ihnen reflektiert. Deshalb sieht der Himmel blau aus. Wenn die Sonne aber abends tiefer am Horizont steht, müssen die Lichtwellen

einen längeren Weg zurücklegen, bis sie auf die Staubteilchen treffen. Da die langwelligen Strahlen rot sind, färbt sich der Himmel dann in verschiedenen Rottönen. Wir nennen das Abendrot.

WESHALB wäre die Erde ohne Atmosphäre eine Wüste?

Die Temperatur der Sonne beträgt zwischen 15 und 20 Millionen °C. Nur ein ganz

An manchen Abenden färbt sich der Himmel glutrot, als ob die Sonne den Himmel in Brand gesteckt hätte.

WARUM verliert sich die Luft nicht im Universum?

Luft besteht aus Gas, deshalb könnte sie eigentlich immer weiter aufsteigen, bis sie sich im Universum verflüchtigen würde. Wieso umhüllt sie also trotzdem die Erde? Aufgrund der Schwerkraft, die bewirkt, dass sich alle Körper gegenseitig anziehen. Die Erde zieht also die Luft an und ebenso den Mond, der sie umkreist. Die Sonne wiederum zieht die Erde an und alle anderen Planeten. Ohne Schwerkraft würden die Planeten ziellos im Universum herumirren und nirgendwo könnte sich Leben entfalten.

WIESO wäre es ohne Atmosphäre nachts so kalt auf der Erde?

Die Erde wärmt sich zwar schnell auf, kühlt aber genauso schnell auch wieder ab. Die Wärme, die sie tagsüber speichert, verflüchtigt sich, sobald die Sonne untergeht.

Glücklicherweise nehmen die Wasserteilchen, die in der Luft schweben, die Wärme auf und schicken sie wieder zur Erde zurück. Deshalb sind die Nächte bei Regenwetter oft mild, wohingegen sie in der Wüste, wo die Luft trocken ist, eisig kalt sind.

kleiner Teil dieser Hitze trifft die Erde. Trotzdem würde er ausreichen alles Leben zu zerstören, wenn die Atmosphäre nicht der Erde als Schutzschild diente. Manche Strahlen prallen einfach ab: Die Wolken und der Staub, der in der Luft schwebt, reflektieren einen großen Teil der Sonnenstrahlen und lenken sie ins Universum ab, noch bevor sie den Erdboden erreicht haben.

NA SO WAS!

● Die Atmosphäre wiegt 5 Billiarden Tonnen (das ist eine 5 mit 15 Nullen!). Ihr Gewicht drückt auf die Erde: Das ist der Luftdruck. Auf jedem Quadratmeter Boden lastet der Druck von einer Tonne Luft.

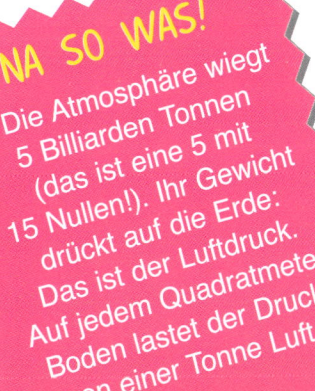

TAGES- UND JAHRESZEITEN

- **Die Erde steht niemals still. Sie dreht sich in 365 Tagen, 5 Stunden, 48 Minuten und 46 Sekunden, also in genau einem Jahr, einmal um die Sonne: Dadurch entstehen die Jahreszeiten. Gleichzeitig dreht sich die Erde in 24 Stunden einmal um ihre eigene Achse: So entstehen Tag und Nacht.**

- **Die Erde dreht sich mit 108 000 km/h um die Sonne. In nur einer Sekunde legt sie 29,8 km zurück!**

- **Am Äquator dreht sich die Erde mit einer Geschwindigkeit von 1670 km/h um sich selbst.**

WARUM ist bei uns Winter, wenn auf der anderen Seite der Erde Sommer ist?

Weil die Erde der Sonne nicht senkrecht gegenübersteht, sondern leicht geneigt ist. Mal zeigt sie der Sonne ihre Südseite, mal ihre Nordseite. Am 21. Dezember steht die Sonne genau im Wendekreis des Steinbocks im Süden. Deshalb ist auf der Südhalbkugel Sommer, während bei uns auf der Nordhalbkugel Winter herrscht. Am 21. Juni ist es genau umgekehrt. Dann steht die Sonne genau im Wendekreis des Krebses im Norden. Sie befindet sich für uns hoch am Himmel und bringt uns den Sommer.

WARUM sind die Tage mal länger und mal kürzer?

Wie lang ein Tag ist, hängt – wie die Jahreszeiten – von der Sonne ab. Im Winter steht die Sonne recht niedrig am Himmel. Durch die Drehung der Erde um sich selbst verschwindet die Sonne deshalb schnell hinter am Horizont: Die Tage sind kurz. Im Sommer dagegen steht die Sonne fast senkrecht am Himmel. So bleibt es abends länger hell und die Sonne weckt uns morgens früher auf.

WARUM ist der Sommer im Süden wärmer als im Norden?

Die Erde umrundet die Sonne nicht auf einer Kreisbahn, sondern auf einer ovalen Bahn. Die Sonne befindet sich dabei nicht im Mittelpunkt dieses Ovals, sondern steht etwas seitlich. Aus diesem Grund verändert sich die Entfernung zwischen

Die vier Jahreszeiten in den gemäßigten Zonen geben der Landschaft im Laufe des Jahres immer ein anderes Gesicht.

WARUM sind die Tage und Nächte an den Polen so lang?

An den Polen herrscht abwechselnd sechs Monate lang Nacht und sechs Monate lang Tag. Ist bei uns Sommer, ist der Nordpol der Sonne zugeneigt und es kann nicht dunkel werden. Im Winter ist der Südpol der Sonne zugewandt und es gelangt nicht einmal der kleinste Sonnenstrahl zum Nordpol. Es kann nicht hell werden.

Erde und Sonne im Verlauf eines Jahres. Am 2. Januar ist die Sonne der Erde am nächsten. Auf der Südhalbkugel ist es dann Sommer und sehr heiß. Am 5. Juli ist die Sonne am weitesten von der Erde entfernt. Zu dieser Zeit ist bei uns auf der Nordhalbkugel Sommer, doch wegen der größeren Entfernung zur Sonne ist es weniger heiß.

den Globus führt. Hier scheint die Sonne das ganze Jahr über gleich stark, sodass es keine Jahreszeiten gibt. Auch die Tage und Nächte sind gleich lang.

WARUM gibt es am Äquator keinen Winter?

Der Äquator ist eine Linie, die genau in der Mitte zwischen Nordpol und Südpol rund um

NA SO WAS!

Vor 400 Millionen Jahren waren die Tage nur 22 Stunden lang. Heute hat ein Tag 24 Stunden. Die Tage wurden länger, weil die Erde abgebremst wird durch die bei Ebbe und Flut entstehende Reibung des Wassers am Meeresboden.

DER WIND

- *Wenn es keinen Wind gäbe, wäre es in den Tropen noch heißer und an den Polen noch kälter. Über den Meeren würde es pausenlos regnen und das Land wäre eine trockene Wüste. Der Wind verteilt die Wärme über die Erde, er bildet Wolken und jagt sie vor sich her. Der Wind ist der frische Atem der Atmosphäre.*

- *Ein durchschnittlicher Wind weht mit 30 km/h.*

- *Von Sturm reden wir, wenn er 50 km/h überschreitet.*

WIE entsteht Wind?

Auf der Südhalbkugel der Erde ist die Luft warm und leicht, auf der Nordhalbkugel dagegen ist sie kalt, schwer und zusammengepresst. Die warme Luft wird von der kalten angezogen und umgekehrt. So setzen sich die Luftmassen in Bewegung. Die meisten Winde auf der Erde entstehen am Äquator, wo die Sonne immer gleich stark vom Himmel brennt und es sehr warm ist. Diese sehr angenehmen Winde nennt man Passatwinde.

WARUM wehen die Passatwinde nicht überall auf der Erde?

Weil die Erde sich dreht und somit die Winde in bestimmte Richtungen lenkt. Anstatt geradewegs nach Norden zu ziehen, drehen sie nach Osten ab und werden schneller. Dann bilden sie lange, schmale Gürtel, in denen die Luft kalt ist und sich schnell vorwärts bewegt. Diese Strömungen nennt man Jetstreams (englisch: Luftströmung für Flugzeuge). Sie tragen diesen Namen, weil Flugzeuge (jets) sie ausnutzen, um schneller voranzukommen und Treibstoff zu sparen.

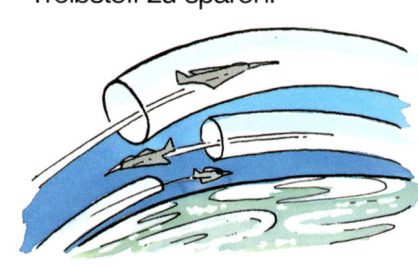

Segelschiffe nutzen die Kraft des Windes und lassen sich von ihm antreiben.

WARUM ist es im Sommer am Meer immer windig?

Tagsüber weht die kalte Meeresluft der von der Sonne aufgeheizten Luft über dem Land entgegen. Dieser Wind treibt auch die Surfer auf den Strand zu. Sobald es aber Abend wird, dreht der Wind. Die über dem Land abgekühlte Luft weht auf das noch warme Meer zu. Diesen Moment nutzen die Fischer, um mit ihren Booten auf das Meer hinauszufahren. Sie

kommen erst am nächsten Morgen zurück, wenn der Wind wieder Richtung Land weht. Das Gleiche spielt sich auch in den Bergen zwischen der warmen Luft in den Tälern und der kalten Luft an den Gipfeln ab. Diese Winde ermöglichen zum Beispiel das Drachenfliegen.

HALTEN Berge den Wind auf?

Nein, der Wind wird sogar noch stärker, wenn er auf ein Hindernis trifft. Er steigt an den Hängen der Berge hinauf. Da er kalt und feucht ist, lässt er es auf seinem Weg regnen und schneien. Wenn er endlich am Gipfel angelangt ist, hat er sich in einen trockenen Wind verwandelt. Nun klettert er auf der anderen Seite den Berg wieder hinunter. Dabei erwärmt er sich und

wird sehr angenehm. Diesen Wind nennen wir Föhn. Durch ihn können wir in den Nordalpen Ski fahren, während wir uns auf den zum Mittelmeer abfallenden Hängen der Südalpen sonnen können.

WIE entstehen Stürme?

Kalte Luftströme haben eine große Geschwindigkeit. Es kann passieren, dass sie unvermittelt auf eine große Masse warmer Luft stoßen, die friedlich ihrer Wege zieht. Der kalte Luftgürtel prallt von der warmen Luft ab und rollt sich wie ein Igel zu einer Kugel zusammen. Der Wind wirbelt dann im Kreis herum und schon stürmt es.

NA SO WAS!

● Jetstreams erreichen Geschwindigkeiten von bis zu 500 km/h. Sie wehen glücklicherweise in einer Höhe zwischen 7 und 13 km über dem Erdboden. Sie können 1000 km breit und gleichzeitig nur 7 km dick sein.

DAS KLIMA

- *Auf der Erde gibt es viele verschiedene Klimazonen. In manchen Ländern wechselt das Wetter oft, in anderen bleibt es immer gleich. Das Klima hängt davon ab, wie warm es in einer Region ist und wie die Erdoberfläche dort gestaltet ist. Auch der Wind, die Nähe zum Meer und die Größe der Wälder spielen eine Rolle.*

- *An den Polen herrschen im Winter Temperaturen von –50 °C und im Sommer von 0 °C. In den trockenen Regionen der Erde wird es im Sommer bis zu 50 °C heiß und im Winter bis zu 30 °C. Am Äquator beträgt die Temperatur sommers wie winters 28 °C.*

- *An den Polen ist der Himmel immer blau, weil die eiskalte Luft den Wind abhält. So werden keine Wolken herangetrieben.*

WARUM regnet es in der Sahara fast nie?

Der vom Äquator kommende Wind ist heiß und feucht. Auf seinem Weg zu den Polen gibt er seine Feuchtigkeit ab und lässt es heftig regnen. So entsteht das tropische Klima. Wenn der Wind die Sahara erreicht, hat er sich abgekühlt und ist trocken. Er fällt zur Erde hin ab und verhindert so die Wolkenbildung. Regionen, die wie die Sahara an die Tropen grenzen, sind Wüsten wie zum Beispiel das Tal des Todes in den USA und die Wüste Gobi in der Mongolei.

WARUM regnet es am Äquator jeden Tag?

Weil die Länder, die am Äquator liegen, vom Meer umgeben sind wie zum Beispiel die Inseln Indonesiens, Amazonien oder der Kongo. Das von der Sonne aufgeheizte Meerwasser verdunstet, die feuchtwarme Luft steigt auf und bildet Wolken. Wenn man den Äquator vom Himmel aus betrachtet, stellt man fest, dass er stets von einem dicken Wolkengürtel bedeckt ist. So kommt es, dass am Äquator jeden Nachmittag dicke, schwere Regentropfen vom Himmel fallen.

In der Wüste kann der Temperaturunterschied zwischen Tag und Nacht bis zu 50 °C betragen. In der Nacht friert es manchmal sogar.

WARUM ist das Wetter bei uns so wechselhaft?

Europa und Nordamerika liegen genau zwischen dem Nordpol und den Tropen. Genau dort trifft die warme Luft aus den Dschungel-gebieten und Wüsten auf die kalte Luft, die vom Packeis herangeweht kommt. Dieses Zusammentreffen führt zu heftigen Regenfällen. Irgendwann schiebt sich die warme Luft über die kalte Luftmasse. Dadurch klart der Himmel auf, die Sonne kommt wieder durch und die Luft ist frischer.

WIE entstehen schönes und schlechtes Wetter?

Um das Wetter zu verstehen musst du eine Sache wissen: Kalte Luft ist schwer und sinkt zur Erde hin ab, heiße Luft ist leicht und steigt nach oben. Wenn kalte Luft absinkt, vertreibt sie die Wolken, sodass der Himmel blau ist und die Sonne scheint. Wenn aber warme Luft aufsteigt, bilden sich Wolken und es beginnt zu regnen.

WAS ist der Monsun?

In Indien und Südostasien kommt es jedes Jahr von Juni bis September zu heftigen Regenfällen. Die Wasser-massen entstehen durch einen harmlosen, kleinen Wind, eine feuchte, frische Brise, die vom Meer kommt. Sie wird von der warmen Luft angezogen, die sich zu dieser Jahreszeit über dem Land befindet. Auf seinem Weg ins Landesinnere trifft dieser Meereswind auf den Himalaja. Er steigt an seinen Berghängen auf, um ihn zu überwinden.

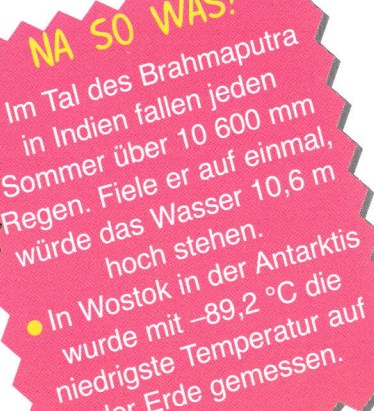

Dabei kühlt er ab und bildet riesige Regen-wolken. Das ist der Anfang des Monsun, der Regenzeit.

NA SO WAS!

- Im Tal des Brahmaputra in Indien fallen jeden Sommer über 10 600 mm Regen. Fiele er auf einmal, würde das Wasser 10,6 m hoch stehen.
- In Wostok in der Antarktis wurde mit −89,2 °C die niedrigste Temperatur auf der Erde gemessen.

DIE WOLKEN

- *Es gibt über 100 verschiedene Wolkenarten. Sie werden in zehn Wolkentypen eingeteilt. Ihre Form und die Art wie sie ziehen sind nicht zufällig: Wolken geben uns Auskunft über die Bewegung der höher gelegenen Luftmassen und helfen uns, das Wetter vorherzusagen.*

- *Zirruswolken entstehen in einer Höhe von etwa 14 km und ziehen mit einer Geschwindigkeit von 160 km/h über den Himmel.*

- *Schon eine kleine Wolke kann aus 1000 t Wasserdampf bestehen.*

- *Die Wassertröpfchen sind zwischen 0,002 und 0,003 mm groß.*

- *Als Nebel bezeichnen wir Wolken, die sich ganz dicht über dem Erdboden befinden.*

WIESO heißen Gewitterwolken Kumulonimbus?

Die Worte „cumulus" und „nimbus" kommen aus dem Lateinischen. „Cumulus" bedeutet Anhäufung, „nimbus" bedeutet Regen. Kumulonimbus sind dunkle Regenwolken. Sie ziehen in nur 1 km Höhe über unsere Köpfe hinweg und reichen bis zu 16 km hoch in den Himmel. Sie entstehen durch Luftwirbel, die sich bilden, wenn eine kalte Luftmasse auf eine warme Luftmasse stößt. Kumulonimbuswolken führen zu heftigen Gewittern, nach denen es schnell wieder aufklart.

WIESO sind Zirruswolken kein gutes Zeichen?

Zirruswolken sind zarte Schleier, die an Sommertagen hoch am

Himmel dahinziehen. Sie sind so hell und fein, dass man sie kaum bemerkt. Ein paar Stunden nach ihrem Durchzug bedeckt sich aber der Himmel und Gewitter kündigen sich an. Zirruswolken entstehen, wenn warme Luft von kurzen Windböen, die kalte Luft ankündigen, nach oben gedrückt wird.

Gewitterwolken ballen sich am Himmel zusammen.

WARUM sind Berggipfel häufig von Wolken umgeben?

In Gipfelhöhe weht ein Wind, der aus den Tälern aufsteigt. Wenn er die Spitze des Berges erreicht, ist seine Luft so kalt, dass sie kondensiert und Wolken bildet. Auf der anderen Bergseite sinkt er wieder ab, wird wärmer und die Wolken verdunsten. Am Gipfel ist es aber nach wie vor windig und es entstehen ständig neue Wolken. Man könnte glauben, der Berggipfel sei ständig von ein und derselben Wolke umhüllt, dabei sind es tausende, die in raschem Wechsel aufeinanderfolgen.

WIE entstehen Wolken?

Wenn es warm ist, verdunstet Wasser von Flüssen und Meeren. Zusammen mit warmer Luft steigt es als Wasserdampf in den Himmel. Wenn der Wasserdampf hoch oben auf kalte Luft stößt, kühlt er ab und wird wieder flüssig. Er verwandelt sich in Milliarden feinster Wassertröpfchen, die sich zu Wolken zusammenballen.

WESHALB sind Stratus- oder Schichtwolken nicht gern gesehen?

Stratuswolken sind so flach wie Pfannkuchen. Sie entstehen, wenn kalte Luft sich unter warme Luft schiebt, ohne mit ihr zusammenzustoßen. In diesem Fall gibt es weder ein Gewitter noch einen Sturm, dafür ist der Himmel grau und es kann stunden- oder tagelang feiner Nieselregen vom Himmel fallen.

NA SO WAS!

● Im Sommer verdunsten am Golf von Mexiko in der Karibik jeden Nachmittag 20 Milliarden Liter Wasser pro Stunde. Diese riesige Menge Wasser geht einige Tage später in den USA als Regen nieder.

NIEDERSCHLÄGE

- *Regen, Schnee, Hagel – Himmel und Wolken halten vielerlei Überraschungen für uns bereit. Wie diese Witterungen entstehen, ist viel komplizierter, als man denkt. Die Wissenschaft beginnt gerade erst, dieses Geheimnis zu lüften.*

- *Ein Regentropfen ist zwischen 1 und 5 mm groß.*

- *Ein Hagelkorn ist in der Regel 5 bis 50 mm groß. 1986 fielen in Bangladesch aber wesentlich größere, bis zu 1 kg schwere Hagelkörner vom Himmel! Dabei kamen 96 Menschen ums Leben.*

- *Nieselregen entsteht, wenn die Wasserteilchen der Wolken abregnen, ohne sich zusammenzuballen. Die winzigen Tröpfchen können sehr zahlreich auftreten oder so vereinzelt, dass man den Regen kaum bemerkt.*

WIE bilden sich Regentropfen?

Der in der Luft vorhandene Wasserdampf muss sich irgendwo festhalten können, um Tropfen zu bilden. Dazu dienen der Staub und all die anderen unzähligen, winzig kleinen Teilchen, die in der Luft schweben: Erde, Sand, Asche, Salz usw. Ohne Staub gäbe es keinen Regen! Deshalb regnet es auf dem Land auch weniger als in den Städten, die die Luft stärker verunreinigen.

WARUM fällt der Regen auf die Erde hinab?

Die Wassertröpfchen der Wolken sind so leicht, dass sie in der Luft schweben. Von allein würden sie nicht herunterfallen. Die Wolken bestehen aber auch aus Eiskristallen, die ständig in Bewegung sind. Diese ziehen die Wassertröpfchen an, vereinigen sich mit ihnen und werden immer größer. Schließlich zerbrechen sie in viele kleine Kristalle, die wiederum anwachsen. Irgendwann sind sie so dicht gedrängt wie Sardinen in einer Dose. Sie fallen aus der Wolke heraus, weil diese so viele Kristalle nicht halten kann. Da die Luft in Bodennähe aber wärmer ist, schmelzen die Eiskristalle und gehen als Regentropfen nieder.

einer bestimmten Höhe sind sie so schwer, dass sie auf den Boden prasseln. Das geht so schnell, dass sie nicht einmal Zeit zum Schmelzen haben.

WIE bildet sich Tau?

Tau entsteht in windstillen, wolkenlosen Nächten, in denen die Erde stark abkühlt. Wenn der noch warme Wasserdampf der Luft auf harte, kalte Oberflächen trifft, verwandelt er sich in Wassertröpfchen und setzt sich ab. Das gleiche kannst du an heißen Sommertagen an einem Glas beobachten, das ein sehr kaltes Getränk enthält: Es beschlägt von außen.

WIE entsteht Schnee?

Schnee besteht aus Eiskristallen, die nicht zu Regen werden konnten, entweder weil sie zu schnell zu Boden fielen oder weil es sehr kalt ist. Es gibt zwei Sorten von Schnee: Der trockene Pulverschnee eignet sich prima zum Ski fahren. Pappschnee dagegen ist feuchter. Die Eiskristalle haben sich beim Fallen zu großen, weichen Schneeflocken vereinigt, die viel Luft enthalten.

WARUM kann es auch im Sommer hageln?

Hagel bildet sich in den hoch aufgetürmten Gewitterwolken. Im Inneren der Wolken werden Eiskristalle durch Windböen nach oben geschleudert. Dabei ziehen sie Wassertröpfchen an, vereinen sich mit ihnen und werden so immer größer. Ab

NA SO WAS!

● In Tutunendo in Kolumbien regnet es am meisten auf der Erde. Im Durchschnitt fallen hier 11 770 mm Regen pro Jahr. Am häufigsten, nämlich an 350 Tagen im Jahr, regnet es auf der Insel Kauai, die zu Hawaii gehört.

GEWITTER

WIE entsteht ein Blitz?

Gewitter entstehen in großen, schwarzen Wolken. Die Winde, die im Wolkeninneren wehen, sind ungeheuer schnell und erzeugen Elektrizität. Diese sammelt sich am unteren Rand der Wolke und drängt zur Erde hin. Auf der Erde herrschen ebenfalls elektrische Spannungen, die ihrerseits von den elektrisch aufgeladenen Wolken angezogen werden. So entladen sich die Wolken zur Erde hin und umgekehrt. Treffen zwei Entladungen aufeinander, entsteht ein Blitz: Die Luftteilchen werden dabei in so starke Bewegung versetzt, dass sie Licht erzeugen.

WARUM sind Blitze gezackt?

Weil die Luft Elektrizität nicht gut weiterleitet, sondern sie bremst. Blitze sind

zickzackförmig, weil sie den Weg suchen, auf dem ihnen die Luft am wenigsten Widerstand leistet.

WIE entsteht der Donner?

Die durch einen Blitz sehr schnell und sehr stark aufgeheizte Luft dehnt sich aus und verdrängt die kalte Luft, die nicht mit dem Blitz in Berührung gekommen ist. Die kalte Luft wird zusammengepresst und verdrängt weitere Luft-massen. Die Hitze breitet sich also wellenförmig aus, indem

zurückzulegen. Die Luft um den Blitz herum wird also nicht überall zur gleichen Zeit aufgeheizt. Die erste Welle geht von der Luft in Bodennähe aus, dann verursacht die darüber liegende Luftschicht die zweite Welle und schließlich kommt noch die Luftschicht nahe der Wolke ... All diese Wellen reihen sich aneinander. Das hört sich an, als ob der Donner rollt.

WARUM schlägt der Blitz oft in Bäume ein?

Die elektrische Ladung der Erde klettert durch ihr Bestreben aufzusteigen an allem hoch, was den Erdboden überragt. Wasser leitet Elektrizität sehr gut. Wenn ein Blitz in einen Baum

einschlägt, gelangt elektrische Ladung in den Nährsaft, bringt ihn zum Kochen und sprengt die Rinde. Blitze spalten Baumstämme oft bis zu den Wurzeln.

WAS ist Wetterleuchten?

In heißen Nächten erhellen geräuschlose Blitze, die nicht zur Erde gelangen, den Himmel. Sie bewegen sich lediglich in einer elektrisch aufgeladenen Wolke.

sie die Luft wie eine Ziehharmonika zusammendrückt und wieder auseinanderzieht. Diese Bewegung der Luft macht Lärm, den Donner.

WARUM rollt der Donner?

Ein Blitz braucht etwa eine Sekunde, um die Strecke zwischen Erde und Wolke

NA SO WAS!

• Auf der Erde kommt es jede Minute zu 1800 Gewittern und 6000 Blitzen. Ein normales Gewitter erzeugt so viel Energie wie zwölf Atombomben von der Art der Hiroshimabombe.

WIRBELSTÜRME

- *In China nennt man sie Taifun (von „tai fung": heftiger Wind) und in den Tropen Zyklon. Ihre ungeheuren Winde und die sintflutartigen Regenfälle sind mit einem normalen Sturm nicht zu vergleichen.*

- *Der Durchmesser eines Wirbelsturms beträgt mehrere Hundert Kilometer.*

- *Der Wind erreicht Geschwindigkeiten von über 200 km/h.*

- *Das Zentrum eines Wirbelsturms, das sogenannte Auge, hat einen Durchmesser von etwa 10 km. Hier ist es windstill und es regnet nicht.*

WIE entstehen Wirbelstürme?

Wenn Hitze und Wasser aufeinandertreffen. Ab 27 °C verdampft das Meerwasser und reichert die Luft beim Aufsteigen mit Feuchtigkeit an. Die Luft steigt nun sehr schnell nach oben, wodurch der in ihr enthaltene Wasserdampf plötzlich abkühlt. Der kondensierte Wasserdampf ballt sich dann zu riesigen Wolken zusammen. Dampf, der kondensiert, strahlt jedoch Wärme ab. Je mehr Wolken es gibt, desto heißer wird es also. Und je heißer es wird, desto mehr Meerwasser verdampft. So werden die Wolken stets größer und schwerer. Man kann sich einen Orkan als Pumpe vorstellen, die das Meerwasser immer schneller abpumpt.

WANN löst sich ein Wirbelsturm wieder auf?

Sobald er das Festland erreicht und nicht mehr von verdampfendem Meerwasser gespeist wird. Der Wind fällt ab und die Luft kühlt bei der Berührung mit dem kalten Boden ab. Dabei wird sie schwerer. Die Wolken brechen auf und es fällt strömender Regen zur Erde.

Manche Orkane lösen sich auf, bevor sie die Küste erreichen. Das passiert, wenn sie einen Teil des Meeres überqueren, der kalt ist. Denn kaltes Wasser verdampft nicht.

WANN erstarken Wirbelstürme?

Wenn sie über dem Festland auf ganz gewöhnliche Regenwolken treffen. Sie verleiben sich diese Wolken

ein, deren Feuchtigkeit ihnen neue Energie verleiht. Dadurch bekommen wir auch die Auswirkungen von Zyklonen zu spüren, die gegen Ende des Sommers am Äquator entstehen. Sie treiben nach Amerika, wo sie auf schlechtes Wetter treffen, das sie wieder aufleben lässt. Von dort ziehen sie geradewegs nach Europa und bescheren uns Dauerregen.

WIE bewegen sich Wirbelstürme fort?

Sie ziehen immer nach Westen, weil sie von den kalten Luftmassen angezogen werden, die sich über dem nächstgelegenen Festland befinden. Zyklone, die sich im Atlantik bilden, ziehen zum Beispiel zu den Antillen und die im Pazifik

entstandenen Taifune ziehen nach Asien. Allerdings bewegen sie sich mit 30 bis 35 km/h recht langsam fort!

WARUM drehen sich Orkane?

Die heiße, feuchte Luft entwickelt sich beim Aufsteigen zum Wind. Dieser steigt aber nicht auf geradem Weg nach oben, sondern wird durch die Drehung der Erde um sich selbst abgelenkt. Die Erde dreht sich von West nach Ost und das Gleiche passiert mit dem Wind. Da die Luft in einem Zyklon immer schneller aufsteigt, bildet sie nach kurzer Zeit eine Schwindel erregende Spirale.

NA SO WAS!

• Der „Typhoon Tip" entstand 1979 und ist der größte Zyklon, von dem wir heute wissen. Seine Winde erreichten eine Geschwindigkeit von 470 km/h und sein Durchmesser maß 2240 km.

TORNADOS

- *Tornados entstehen genau wie Wirbelstürme aus Luftmassen, die sich rasant schnell um sich selbst drehen und in den Himmel aufsteigen. Allerdings sind Tornados kleiner als Wirbelstürme und halten nicht so lange an. Da sie aber viel heftiger sind und meist noch verheerendere Auswirkungen haben, gelten sie als das gewaltigste Naturphänomen.*

- *Der Durchmesser eines Tornados beträgt einige hundert Meter.*

- *Tornados dauern im Durchschnitt 5 bis 30 Minuten.*

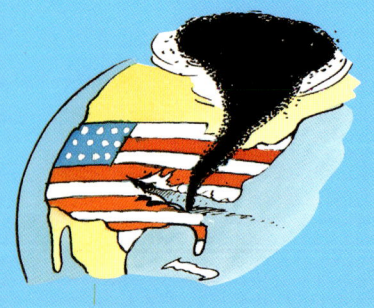

WIE entstehen Tornados?

Das geschieht, wenn warme Luft, die sich in der Nähe des Erdbodens befindet, von einem höher gelegenen kalten Luftstrom angesogen wird. Wie bei einem Orkan führt die Drehung der Erde dazu, dass sich auch die aufsteigenden Winde drehen und schließlich einen Trichter bilden.

WARUM treten Tornados vor allem in den USA auf?

In den USA erstrecken sich die Bergketten von Nord nach Süd und nicht von Ost nach West wie in den europäischen Ländern. Warme, von den Antillen kommende Luft zieht also ungehindert in Richtung Norden über das Land hinweg. In größerer Höhe weht aber ein kalter Luftstrom, der vom westlich gelegenen Pazifik kommt und aufsteigen musste, um die Rocky Mountains zu überqueren. Diese Kaltluft saugt die warme Bodenluft an, sodass Tornados entstehen.

WARUM decken Tornados Dächer ab?

Tornados reichen nicht immer bis zum Erdboden hinunter. Ihr schmales, trichterförmiges Ende kann sich auch einige Meter über dem Boden befinden. Dort gleitet es über die zusammengeballte warme Luft. Wenn nur die Spitze eines Tornados über ein Haus hinwegzieht, deckt er das Dach ab oder reißt gar die oberen Stockwerke ein, zerstört aber nicht das ganze Haus.

befindet es sich für den Bruchteil einer Sekunde in diesem eigenartigen Bereich, in dem die Luft so leicht ist, dass sie kaum noch Druck auf die Erde ausübt (Unterdruck). Die Luft im Inneren des Hauses, die viel schwerer und dichter ist, drängt deshalb in diesem Moment nach draußen und sprengt explosionsartig die Mauern.

WARUM haben Tornados eine so verheerende Wirkung?

Nichts bleibt von der Gewalt eines Tornados verschont. Die nach oben wirbelnden Winde schleudern Menschen und Tiere umher. Sogar Lokomotiven und Lastwagen werden wie Spielzeug mitgerissen.

WARUM lassen sich Tornados nicht vorhersehen?

Wirbelstürme kann man leicht vorhersehen, da sie aus einer riesigen Wolkenmasse bestehen. Tornados dagegen sind kleine Luftspiralen, die sich in wenigen Minuten bilden. Ihr Trichter kann so schmal sein, dass er durch eine Straße saust und dabei nur einen Gehweg zerstört. Außerdem lösen sich Tornados ebenso schnell wieder auf, wie sie entstanden sind.

WIESO sprengen Tornados Häuser?

Genau wie bei Wirbelstürmen ist es in der Mitte eines Tornados ruhig, der Wind flaut ab und die Luft wird ganz leicht. Wenn ein Tornado über ein Haus fegt,

NA SO WAS!

● Wir wissen nicht genau, mit welcher Geschwindigkeit sich der Wind in einem Tornado bewegt, da er alle Messinstrumente sofort zerstört. Wissenschaftler nehmen an, dass er über 500 km/h erreicht.

AM HIMMEL

- *Regenbögen, Aureolen, Polarlichter und Kugelblitze: Am Himmel zeigen sich oft geheimnisvolle oder beunruhigende Lichterscheinungen. Früher deuteten sie die Menschen als Vorboten schrecklichen Unglücks. Heute können Wissenschaftler diese Phänomene erklären, die meist durch das Sonnenlicht erzeugt werden.*

- *Manchmal werden Regenbögen nachts durch das Licht des Mondes verursacht.*

- *Kugelblitze sind noch heute geheimnisvolle, unerforschte Erscheinungen von circa 10 bis 30 cm Größe.*

- *Polarlichter entstehen in 100 km Höhe.*

WIE entsteht ein Regenbogen?

Ein Regenbogen ist zu sehen, wenn Sonnenstrahlen in einem bestimmten Winkel auf die Regentropfen der Wolken treffen. Das Wasser bricht das Licht und zerlegt es in die Spektralfarben. Normalerweise erscheint uns das Licht weiß, weil die Luft kein Hindernis darstellt und es uns direkt erreicht. Die einzelnen Lichtwellen ergeben zusammen die Farbe Weiß.

WARUM sieht man Regenbögen meist am Abend?

Die Sonne muss tief am Horizont stehen, damit ihre Strahlen im richtigen Winkel auf die Regentropfen treffen. Steht sie hoch am Himmel, finden die Strahlen ihren Weg zwischen den Tropfen, ohne auf sie zu treffen und gebrochen zu werden. Im Winter, wenn die Sonne tief am Himmel steht, entstehen Regenbögen auch am helllichten Tag.

WARUM sind manche Regenbögen schöner als andere?

Umso größer die Regentropfen sind, umso stärker leuchtet der Regenbogen. Wenn die Tropfen klein sind, ist er ganz blass und die Farben verlaufen ineinander. Manchmal sieht man nur einen Teil des Regenbogens, weil es nur in dieser Region regnet.

WARUM umgibt manchmal eine Aureole die Sonne?

Aureolen sind Höfe aus weißem Licht, die im Winter morgens die Sonne umgeben. Sie entstehen, wenn Sonnenstrahlen auf die

Eiskristalle der Zirruswolken treffen. Aureolen sind ein Schlechtwetterzeichen.

Im Mittelalter glaubten die Menschen, dass Polarlichter großes Unheil ankündigen.

elektrisch geladene Teilchen ins All abgibt und diese mit Staub und Luftmolekülen zusammentreffen.

WIE entstehen Kugelblitze?

Man weiß es bis heute nicht. Aber es gibt immer wieder Menschen, die während eines Gewitters Kugelblitze gesehen haben wollen. Diese Feuerkugeln sollen sich langsam voranbewegen und Mauern durchdringen können. Dann folgen sie angeblich elektrischen Leitungen, bis sie wie eine Luftblase zerplatzen oder durch ein Fenster wieder entweichen.

WAS sind Polarlichter?

Polarlichter sind grüne, weiße oder rote Lichtschleier, die sich an den Polen am Himmel zeigen. Diese prachtvollen Licht-erscheinungen entstehen dadurch, dass die Sonne

NA SO WAS!

● Im Januar 1994 kam es in Neuruppin in Brandenburg zu einem heftigen Gewitter, bei dem angeblich viele Zeugen einen Kugelblitz gesehen haben.

HIMMELSFEUER

- **Früher versetzte eine Sonnen- oder Mondfinsternis die Menschen in Angst und Schrecken. Heute fürchten wir uns vor Meteoriteneinschlägen, da große Meteoriten eine weltweite Katastrophe auslösen könnten.**

- **Jährlich fallen rund 200 000 Brocken Gestein auf die Erde, die zusammen ein Gewicht von bis zu 10 000 Tonnen ergeben. Weltweit gibt es 139 große Krater, die durch Meteoriten verursacht wurden.**

WARUM fallen Meteoriten auf die Erde?

Meteoriten sind Überreste von Asteroiden. Als Asteroiden bezeichnen wir kleine Himmelskörper, die Planeten ähneln. Sie umkreisen weit von der Erde entfernt, zwischen Mars und Jupiter, die Sonne. Manche Asteroiden brechen aber aus: Sie rasen auf die Sonne und somit auf die Erde zu. Auf ihrem Weg zerbrechen sie in viele kleine Teile, die manchmal auf die Erde fallen.

WAS geschah 1908 in Sibirien?

Am 30. Juni 1908 war in Sibirien im Umkreis von 800 km ein lautes Dröhnen zu vernehmen und 3000 km^2 Wald wurden mit einem Schlag weggefegt. Man weiß nicht, ob dieses geheimnisvolle Ereignis auf einen Meteoriten zurückzuführen ist, der explodierte, kurz bevor er den Erdboden erreichte. Vielleicht war es auch ein vereister Kometenkern.

WIE kommt es zu einer Sonnen- oder Mondfinsternis?

Eine Sonnenfinsternis tritt auf, wenn sich der Mond zwischen Sonne und Erde schiebt und so die Sonne verdeckt. Zu einer Mondfinsternis kommt es, wenn sich die Erde zwischen Sonne und Mond schiebt. So trifft kein Sonnenlicht mehr auf den Mond und er bleibt von uns aus betrachtet dunkel.

Es bleibt bis heute ein Rätsel, warum die Dinosaurier ausstarben.

Ein Teil dieses Staubes dringt dann in unsere Atmosphäre ein und geht als Meteoritenschauer auf die Erde nieder.

WARUM gehen manchmal Meteoritenschauer auf die Erde nieder?

Kometen sind der Ursprung dieses Phänomens. Manchmal rast einer dieser weit von der Erde entfernten Planeten auf die Sonne zu. Auf dem Weg schmilzt sein Kern aus Eis und der Komet zieht einen langen Schweif aus brennendem Sternenstaub hinter sich her.

WOHER stammt der riesige Krater in Arizona?

Vor 24 000 Jahren schlug an dieser Stelle ein Meteorit mit einer Geschwindigkeit von 54 000 km/h ein. Der Durchmesser des Meteorits betrug nur 12 Meter, aber er hinterließ ein 175 m tiefes Loch mit einem Durchmesser von 1200 m: den Meteor Crater. Um ein ähnlich großes Loch zu schaffen müsste man 10 Millionen t Dynamit in die Luft sprengen!

WIESO starben die Dinosaurier aus?

Vor 65 Millionen Jahren starben die Dinosaurier aus. Die Wissenschaftler nehmen an, dass ein riesiger Meteorit der Grund dafür war. Er schlug auf der Erde ein und wirbelte so viel Staub auf, dass die Sonne mehrere Jahre lang verdunkelt blieb. Deshalb gingen die Pflanzen ein, die Kälte hatte die Erde fest in ihrem eisigen Griff und 75 % aller Lebewesen starben aus.

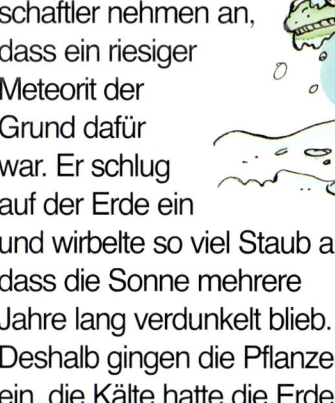

NA SO WAS!

● Wegen der immer wieder auf die Erde fallenden Meteoriten müsste das Gewicht der Erde in den letzten 500 Millionen Jahren um 6 Billiarden Tonnen zugenommen haben!

GEHEIMNISSE DER NACHT

- *Wenn die Sonne untergeht, öffnet uns die Dunkelheit ein Fenster ins Weltall. Der Mond, Satellit der Erde, und das Licht der Sterne, die Sonnen aus anderen Galaxien sind, wird sichtbar.*

- *Der Mond umrundet die Erde in einem mittleren Abstand von 384 400 km. Man müsste die Erde also 30-mal hintereinander aufreihen, um ihn zu erreichen! Er dreht sich in 27 Tagen und acht Stunden einmal um die Erde und mit einer Geschwindigkeit von 400 000 km/h einmal um sich selbst.*

- *Die ältesten Felsstücke, die vom Mond mitgebracht wurden, sind 4,6 Milliarden Jahre alt. Also genau so alt wie die Erde.*

WIE entstehen Sternschnuppen?

Sternschnuppen sind winzig kleine Gesteinsreste, die mit hoher Geschwindigkeit auf die Erde zurasen. Wenn sie in die Atmosphäre eintreten, verglühen sie durch die starke Reibung in wenigen Sekunden und erzeugen so einen Lichtstreifen.

WARUM ist der Mond manchmal grau?

In manchen Nächten besteht der Mond nur aus einer feinen Sichel. Trotzdem lässt sich ein weiterer Teil von ihm als schwacher grauer Schein erahnen. Dieses Phänomen wird Erdschein genannt und entsteht, wenn das Sonnenlicht von der Erde reflektiert wird und auf den Mond fällt.

WARUM leuchtet der Mond?

Der Mond selber leuchtet nicht. Er stibitzt lediglich das Sonnenlicht, das auf ihn fällt, und reflektiert es wieder.

WARUM sieht der Mond in manchen Nächten größer aus?

Er erscheint uns manchmal größer, weil er der Erde dann näher ist. Der Mond dreht sich nämlich nicht auf einer Kreisbahn um die Erde, sondern auf einer ovalen Bahn. Somit ist seine Entfernung zur Erde unterschiedlich. Wenn er der Erde mit einem Abstand von etwa 360 000 km am nächsten ist, sieht er für uns sehr groß aus. Ist er mit rund 406 000 km Abstand von ihr am weitesten entfernt, wirkt er dafür recht klein.

Je nach Stand der Sonne und der Erde ist der Mond voll, halb, als Sichel oder gar nicht zu sehen.

lediglich das Licht der Sonne. Zu ihnen zählt zum Beispiel die Venus, die auch Morgenstern genannt wird. Bei den anderen Sternen handelt es sich um Sonnen und nicht um Planeten. Sie brennen und stellen so ihr eigenes Licht her. Bläuliche Sterne sind ganz jung und haben noch viel Energie. Gelbe oder rote Sterne sind schon alt und fast ausgebrannt.

weil sich das Licht vieler Sterne auf dem Weg zu uns verliert.

WIESO leuchten die Sterne?

Es gibt zwei verschiedene Arten von Sternen: Die erdnahen Planeten reflektieren wie der Mond

WARUM ist der Himmel nachts schwarz?

Das ist eine gute Frage, denn eigentlich müsste das Licht der unendlich vielen Sterne des Universums den Himmel nachts strahlend hell erscheinen lassen. Der Himmel ist aber schwarz,

NA SO WAS!

• Auf dem Mond wird es tagsüber 120 °C heiß. Nachts sinkt die Temperatur auf –160 °C.
• Die Galaxie, in der wir leben, besteht aus 100 Milliarden Sternen.

MEERE UND OZEANE

- *Die Erde wird auch Blauer Planet genannt, weil 71 % der Oberfläche von Wasser bedeckt sind. Auf keinem anderen Planeten im Sonnensystem befindet sich sonst Wasser an der Oberfläche. Mars ist allerdings von einer dicken Eisschicht bedeckt.*

- *Das Meer hat als Klimaregler die Entstehung und Entwicklung des Lebens auf der Erde ermöglicht. Das Leben in den Tiefen der Meere und Ozeane ist bis heute noch nicht ganz erforscht.*

- *Die durchschnittliche Tiefe der Ozeane liegt bei 3800 m. Der tiefste unterseeische Graben liegt im Pazifik und reicht 11 034 m weit hinab.*

- *Der Pazifik bedeckt eine Fläche von 180 Millionen km², der Atlantik erstreckt sich über mehr als 100 Millionen km².*

WIE kam das Wasser auf die Erde?

Das Wasser kam vor langer Zeit auf die Erde, als die Erdkruste abzukühlen und fest zu werden begann. Die Temperatur im Erdinneren stieg dabei wie in einem Schnellkochtopf an und das Gestein begann zu schmelzen und zu verdampfen. Als dieser Dampf mit der Luft in Berührung kam, kondensierte er und fiel als sintflutartiger Regen auf die Erde. Aus diesem Regenwasser entstanden die Ozeane und Meere.

WARUM ist Meerwasser salzig?

Meerwasser enthält durchschnittlich 35 g Salz pro Liter Wasser. Dieses Salz ist ein Mineral und stammt aus Steinen. Auf ihrem Weg ins Meer reißen Flüsse kleine Kiesel mit sich. Am Meeresgrund verwittern und zerfallen die Steine. Durch die Hitze der Sonne verdunstet das Meerwasser, die gelösten Minerale sind aber schwerer und reichern sich im Wasser an. So ist das Meer salzig geworden, obwohl es ursprünglich aus Süßwasser bestand.

WESHALB unterscheidet sich der Salzgehalt der Meere?

Das Rote Meer ist sehr salzig: Ein Liter Wasser enthält 44 g Salz! Die Ostsee dagegen enthält nur 2 g Salz pro Liter Wasser. Da die

Das Rote Meer zwischen der arabischen Halbinsel und Ägypten.

WAS unterscheidet ein Meer von einem Ozean?

Ozeane sind viel größer. Es gibt auf der Erde den Atlantischen Ozean, den Pazifischen Ozean und den Indischen Ozean. Oft sind sie mit den kleineren Meeren durch eine Meerenge verbunden. Zum Beispiel verbindet die Straße von Gibraltar das Mittelmeer mit dem Atlantik. Manche Meere sind Binnenmeere wie die Ostsee und das Schwarze Meer oder Randmeere wie die Nordsee.

WIE entstehen Wellen?

Wellen entstehen, wenn der Wind weht und das Wasser bewegt. Je stärker der Wind ist, desto länger werden die Wellen. Wir unterscheiden drei Arten von Wellen: Kräuselwellen sind die kürzesten, Brecher sind etwas länger und Dünung heißen die längsten. Die Wellen brechen sich am Strand, weil das Wasser dort flacher wird und der Grund ihre Länge unterbricht. Wenn

sie sich brechen, sieht man, welche Höhe sie im offenen Meer haben.

Ostsee sehr kalt ist, verdunstet das Wasser nur sehr langsam. Außerdem münden in sie viele europäische Flüsse und führen ihr ständig neues Süßwasser zu. In das Rote Meer münden nur sehr wenige Flüsse und es grenzt im Unterschied zur Ostsee an eine Wüste. Es ist so heiß, dass zufließendes Süßwasser sofort verdunstet.

NA SO WAS!

● Ab einer Tiefe von 300 bis 500 m ist es im Meer völlig dunkel.

● 97,4 % des Wassers auf der Erde sind salzig und nur 2,6 % bestehen aus Süßwasser.

STRÖMUNGEN UND GEZEITEN

- *Meere und Ozeane sind keine stehenden Gewässer. Ihr Wasser ist in ständiger Bewegung.*

- *Meeresströmungen sind wie riesige Flüsse, die die 1,3 Milliarden km³ Wasser der Meere und Ozeane umwälzen. Manche Strömungen sind sehr langsam und bewegen sich kaum, andere wie etwa der Golfstrom transportieren unvorstellbar große Wassermengen.*

- *Das durch die Meeresströmungen bewegte Wasser braucht zwischen 600 und 800 Jahren, um einmal rund um die Erde zu wandern.*

- *Zweimal am Tag kommt es zu Ebbe und Flut. Der Wasserstand unterscheidet sich dabei im Schnitt um 2,50 m.*

WIE kommt es zu Ebbe und Flut?

Ebbe und Flut entstehen, weil der Mond das Wasser anzieht. Im Grunde zieht er nicht nur das Wasser an, sondern auch uns und alle Dinge, die es auf der Erde gibt. Aber nur beim Wasser wird dies sichtbar. Bei Flut schwillt das Meer an, weil es dem Mond, der über der Küste steht, näher kommen will. Steht der Mond auf der anderen Seite der Erde, zieht sich das Wasser vom Festland aus betrachtet zurück. Es ist Ebbe.

WARUM sind die Gezeiten im Mittelmeer nur schwach?

Weil das Mittelmeer ein ganz kleines Meer ist. Man braucht schon riesige Wassermengen, um Ebbe und Flut bemerken

zu können. Der Atlantik zum Beispiel ist sehr groß. An seinen Küsten zieht sich das Wasser bei Ebbe manchmal kilometerweit zurück, wie man es am Mont-Saint-Michel in Frankreich beobachten kann. Seen unterliegen auch den Gezeiten, aber sie sind viel zu klein, als dass das zu sehen wäre.

WAS ist eine Springtide?

Das Wasser wird nicht nur vom Mond angezogen, sondern gleichzeitig auch von der Sonne. Meistens stehen Sonne und Mond an unterschiedlichen Stellen des Himmels: „Komm zu mir nach Osten", ruft die Sonne, und der Mond lockt: „Komm lieber zu mir in den Norden!". Beide Kräfte halten sich die Waage und Ebbe und Flut fallen gleich groß aus. Bei Vollmond stehen Sonne und Mond aber auf einer geraden Linie.

WARUM ist El Niño so bekannt?

El Niño ist eine Strömung, die von der Antarktis ausgehend die Westküste Südamerikas hinaufzieht. Da sie meist zu Weihnachten einsetzt, wurde die Strömung El Niño, „das Christkind", genannt. Normalerweise handelt es sich um eine kalte Meeresströmung, die viele Fische mit sich bringt. Alle vier bis fünf Jahre erwärmt sich das Wasser jedoch, wodurch es auf der ganzen Welt zu heftigen Unwettern kommt.

Ihre Kräfte addieren sich und es kommt zu einer Springtide: Die Flut ist stärker als sonst und die Ebbe fällt schwächer aus als normal.

Da sich das Wasser bei Ebbe nach und nach zurückzieht, setzen die Boote ganz vorsichtig auf dem Sand auf.

Meeresgrunds angezogen wird und weil das Meerwasser von Süden nach Norden wandert, also von den warmen Meeren zu den kalten.

WIE bilden sich Meeresströmungen?

Dadurch, dass warmes Oberflächenwasser vom kalten Wasser des

UNWETTER

- **Bei Unwetter ist das Meer sehr gefährlich. Wind, Regen und große Hitze lassen manchmal gewaltige und unvorhersehbare Phänomene wie Wasserhosen, Flutwellen oder Tsunamis entstehen.**

- **Eine Wasserhose ist ein Wirbelsturm der über dem Wasser entsteht und sich mit 30 bis 60 km/h fortbewegt.**

- **Bei Flutwellen kann der Wind Geschwindigkeiten zwischen 240 und 270 km/h erreichen.**

- **Ein Tsunami ist eine riesige Meereswelle, die durch Seebeben und unterseeische Vulkanausbrüche ausgelöst wird. Sie bewegt sich mit bis zu 700 km/h auf die Küste zu und kann 30 m hoch sein.**

WIE entsteht eine Wasserhose?

Du kannst dir eine Wasserhose wie einen übergroßen Staubsauger-schlauch vorstellen, der aus wirbelnder Luft besteht. Er reicht von einer dicken Wolke bis an die Wasseroberfläche. Sobald die Luft mit dem Wasser in Berührung kommt, saugt sie es nach oben. Wasserhosen entstehen, wenn das Wasser sehr warm und die Luft viel kühler ist. Im Sommer können sich auch über Seen Wasserhosen bilden.

WARUM hielt man Wasserhosen früher für Meeresungeheuer?

Weil sie ein pfeifendes oder grollendes Geräusch machen. Auf dem Loch Ness in Schottland entstehen häufig Wasserhosen. Oder gibt es Nessie doch?

WAS FÜR EIN QUATSCH ÜBER MICH GESCHRIEBEN WIRD!!

KANN man eine Wasserhose auflösen?

Manche kühnen Seemänner behaupten, man könne eine Wasserhose zerstören, indem man auf sie schießt oder sie von der Brücke eines Schiffes aus anbrüllt. Bewiesen ist dies allerdings nicht!

WIE entstehen Sprungwellen?

Sprungwellen sind kleine Flutwellen, die sich vom Meer aus einen Fluss hinaufbewegen. Sie entstehen bei Flut in trichterförmigen Flussmündungen und werden durch Wind

WARUM soll man das Weite suchen, wenn sich das Meer plötzlich zurückzieht?

Weil sich dann wahrscheinlich ein Tsunami zusammenbraut. Alles beginnt mit einem kleinen Ruck. Dieser stammt meist von einem unterseeischen Erdbeben. Daraufhin zieht sich das Wasser plötzlich zurück und lässt die Fische auf dem Trockenen zappeln. Wenige Minuten später kommt es als gigantische Wassermauer zurück, die mit Hochgeschwindigkeit heranbraust und auf ihrem Weg alles zerstört.

begünstigt. Die enorme Sprungwelle des Severn in England wandert den Fluss 32 km weit aufwärts und zieht viele Surfer an.

WIE entstehen Flutwellen?

Dadurch, dass das Meer sich ganze Wolken einverleibt. Stell dir eine mit Wasser vollgepumpte Gewitterwolke vor, die hoch über dem

Ozean dahinzieht. Sie wird von der kühlen Festlandluft angezogen, verliert an Höhe und wird bei ihrem Weg zur Küste immer dicker. Wenn sie dem Meer nahe genug ist, wird sie einfach von ihm verschluckt. Die enormen, mit einem Schlag zusätzlich vorhandenen Wassermassen überfluten dann die Küste.

NA SO WAS!

● Am 15. Juni 1896 suchte ein riesiger Tsunami Japan heim. In nur wenigen Sekunden forderte er beinahe 28 000 Menschenleben und zerstörte die Küste auf einer Länge von 270 km.

DER LAUF DER FLÜSSE

- *Die Flüsse machen nur 0,006 % des Wassers der Erde – insgesamt 1,4 Milliarden km³ – aus. Trotzdem waren es die Flüsse, die durch ihren Lauf sowie durch Überschwemmungen die Landschaften formten. Der Weg des Wassers, egal ob es sich um einen Gebirgsbach oder um einen in der Ebene dahinziehenden Fluss handelt, ist voller Überraschungen.*

- *Das Wasser fließt mit unterschiedlicher Geschwindigkeit. Flüsse in der Ebene erreichen etwa 10 cm/s, reißende Gebirgsbäche können 100 cm/s schnell sein.*

- *Die längsten Flüsse der Erde sind der Amazonas (7000 km), der Nil (6700 km) und der Mississippi (6210 km).*

WARUM fließen die großen Hauptflüsse alle zum Meer?

Weil das Land zum Meer hin abfällt. Die Flüsse stürzen die Berge herab und schlängeln sich durch die gar nicht so flachen Ebenen. Eines Tages erreichen sie dann das Meer.

WIESO sind Flüsse nicht gerade?

Sobald ein Fluss die Ebene erreicht, wird er langsamer. Er wälzt sich träge voran und hat nicht mehr die Kraft, das harte Gestein vor sich zu überwinden. Wenn er nicht weiterkommt, macht er eben einen Bogen um das Hindernis. So entstehen mit jedem Hindernis neue Flusswindungen.

WESHALB ist das Flussbett mit Kieseln und nicht mit Sand bedeckt?

Wenn ein Fluss die Berge hinunterstürzt, reißt er viele Steine mit sich. Umso flacher aber das Gelände wird, umso langsamer wird der Fluss, und die größeren Steine lagern sich an seinem Grund ab. Nach und nach verteilen sich die Kiesel im Flussbett. Erreicht der Fluss schließlich das Meer, führt er fast nur noch Sand mit sich, den das Meer an die Strände spült.

WIE gliedert man Flüsse?

Wir unterscheiden Flüsse nach ihrer Größe: Die kleinsten heißen Bäche, die größeren Flüsse und die größten nennen wir Ströme. Allerdings gibt es keine genauen Regeln.

Bis zum Bau des Assuan-Staudammes überschwemmte der Nil alljährlich das Land und düngte dabei die Erde.

versperrt ihnen schließlich den Weg. Dann spaltet sich der Fluss in zwei Arme, um das Hindernis zu umgehen. Das durch die Arme entstandene Dreieck wird Delta genannt (von „Delta", dem griechischen D, das Δ geschrieben wird).

WIE düngen Flüsse die Ebenen?

Wenn sie über die Ufer treten, überschwemmen sie das Land. Dabei bleiben so-genannte Anschwemmungen an Land zurück: kleine, sehr fruchtbare Erdteilchen, die das Wasser mit sich führt.

WESHALB haben manche Flüsse mehrere Arme?

Diese Flüsse fließen so träge dahin, dass sie kurz vor dem Meer, wo der Boden flach ist, keinerlei Sand oder Anschwemmungen mehr mit sich führen können. Also setzt sich der Sand ab und

NA SO WAS!

● Der Amazonas transportiert von allen Flüssen der Erde am meisten Wasser pro Sekunde: Durchschnittlich sind es 130 000 m³, bei Hochwasser sogar 200 000 m³.

SEEN UND TEICHE

- **Es gibt tausende Seen auf der Erde. Manche sind ganz klein, andere dagegen riesengroß. Manche sind sehr tief und andere ganz seicht, manche bestehen aus Salzwasser, andere aus Süßwasser. Ihre Lage und ihre unterschiedlichen Formen verraten uns viel darüber, wie sich die Erde während der letzten Jahrtausende entwickelt hat.**

- **Teiche sind kleiner als Seen. Sie entstehen, wenn sich Regenwasser in einer Mulde sammelt.**

- **Das Kaspische Meer ist der größte See der Erde: Es nimmt eine Fläche von 360 000 km² ein und ist somit 12-mal größer als Belgien!**

WIESO haben viele kleine Seen die Form eines Halbmondes?

Solche Seen liegen oft in der Nähe von Flüssen. Wenn Flüsse sich ihren Weg bahnen, sind sie zu Beginn oft sehr gewunden. Nach

einiger Zeit finden sie aber an manchen Stellen einen kürzeren, geraderen Weg, sodass eine ehemalige Flussbiegung einfach abgeschnitten wird. Zurück bleibt ein See, der die Form eines Halbmondes hat.

WARUM sind manche Seen so groß wie ein Meer?

Sie sind Überreste von Meeren, die schon bestanden, bevor die Verschiebung der tektonischen Platten der Erde ihr heutiges Aussehen

verlieh. Diese Meere wurden nach und nach vom Festland umschlossen, bis sie wie das Kaspische Meer in Asien Seen bildeten. Meere sind im Gegensatz zu solchen Seen immer zum Ozean hin geöffnet.

WESHALB ist der Grund von Seen und Teichen schlammig?

Weil sich in stehenden Gewässern viele kleine Tiere und Wasserpflanzen ansiedeln. Wenn die Tiere und Pflanzen sterben, sinken sie zu Boden. Dort zersetzen sie sich und werden nach und nach zu feinem Staub, dem Schlamm.

WIE entstanden Bergseen?

Aus geschmolzenem Schnee. Früher war es auf der Erde viel kälter als heute und die Berge waren von Eis bedeckt. Als sich die Erde vor 11 000 Jahren erwärmte, schmolz das Eis und ließ Seen wie den Titicacasee entstehen. Er liegt zwischen Bolivien und Peru auf 3812 m Höhe und ist der höchst gelegene See der Erde.

WARUM sind manche Seen salzig?

Das liegt entweder am Meersalz oder an dem in der Erde abgelagerten Steinsalz. Salzige Seen sind also entweder einmal ein Meer gewesen wie zum Beispiel das Tote Meer im Mittleren Osten, das der salzigste See der Erde ist. Oder sie sind salzig, weil die Erde auf der sie ruhen, salzhaltig ist. Das ist beim Großen Salzsee in den USA der Fall.

WIESO sind manche Seen sehr tief?

Weil sie auf Spalten der Erdkruste liegen, die sich durch das stete Aneinanderreiben der Kontinente bildeten. Der Baikalsee in Sibirien ist so entstanden. Er reicht in eine Tiefe von 1740 m hinab und ist damit der tiefste See der Erde.

NA SO WAS!

● Der Aralsee bedeckte früher einmal eine 64 000 km² große Fläche. Damit war er der viertgrößte See der Welt. Heute sind nur noch 15 % davon übrig, weil die Menschen sein Wasser abpumpten, um ihre Felder zu bewässern.

WASSER UNTER DER ERDE

- **Unter der Erde befindet sich 20-mal so viel Wasser wie in allen Seen und Flüssen der Erde zusammen. Nur ein winziger Teil dieses unterirdischen Wassers speist unsere Quellen und wird als Trinkwasser genutzt. Der Rest lagert in der Tiefe der Erde und tritt höchstens als heiße Quelle oder aufsehenerregender Geysir zu Tage.**

- **Manchmal wird das versickerte Regenwasser im Boden eingeschlossen und ruht bis zu 10 000 Jahren in der Erde.**

- **Das Wasser von Thermalquellen kann bis zu 260 °C heiß sein.**

WIE gelangt das Wasser in die Erde?

Wenn es regnet, versickert das Wasser im Boden und wird schließlich vom felsigen Untergrund aufgesaugt. In den gemäßigten Zonen, also in den Ländern Europas, besteht der Erdboden aus recht weichem Gestein wie Kalkstein, der löchrig wie ein Schweizer Käse ist.

WARUM ist Mineralwasser so rein?

Leitungswasser ist normales Regenwasser, das nur wenige Tage unter der Erde bleibt. Mineralwasser dagegen wird über Jahrtausende im Boden gespeichert, da es in den Bergen von sehr hartem Felsgestein umschlossen ist. Hier kann das Wasser nicht schnell ablaufen, sondern bahnt sich ganz langsam, Tropfen für Tropfen seinen Weg. Die Steine filtern dabei alle Unreinheiten heraus und geben die in ihnen enthaltenen Mineralsalze an das Wasser ab. Deshalb schmeckt Mineralwasser manchmal auch leicht salzig.

Regenwasser bildet manchmal tief in der Erde unterirdische Seen.

WIESO sprudelt aus manchen Brunnen das Wasser nur so hervor?

Manchmal wird Wasser zwischen zwei undurchlässigen Gesteinsschichten eingeschlossen. Durch versickernden Regen sammelt sich immer mehr Wasser an, das nicht abfließen kann. Gräbt man nun einen Brunnen, der bis zu diesem aufgestauten Wasservorrat reicht, drängt das Wasser mit all seinem Druck durch die Öffnung nach oben. Solche Brunnen heißen artesische Brunnen.

WIE entstehen Geysire?

Das Wasser der Geysire entspringt wie das Wasser heißer Quellen den Tiefen der Erde. Anstatt aber langsam aufzusteigen, schießt es in bestimmten Abständen hervor. Stell dir vor, die Erde würde niesen: Das unterirdisch kochende Wasser verwandelt sich in Wasserdampf. Dieser sammelt sich so lange, bis sich der Druck in einer plötzlichen Fontäne entlädt. Manche Geysire lassen dieses Schauspiel nur alle zwei Wochen sehen, andere jede Viertelstunde.

HATSCHI

WARUM führen manche Quellen heißes Wasser?

Regenwasser kann sehr tief in den Boden eindringen. Durch Spalten gelangt es zur brodelnden Lava. Hier erhitzt es sich, bis es plötzlich zu kochen beginnt und blitzschnell nach oben steigt. Dort tritt es als heiße Quelle wieder zutage. Denk dir den Vorgang wie einen Topf mit kochendem Wasser, das irgendwann überkocht.

NA SO WAS!

● Der größte Geysir befindet sich in Neuseeland. 1901 spie er eine 450 m hohe Wasserfontäne aus.

● Im Yellowstone Nationalpark in den USA gibt es rund 10 000 heiße Quellen!

EROSION

Wind, Regen, Frost, Salz, Eis und Flüsse wirken pausenlos auf unsere Landschaften ein und verändern sie. Gebirge werden zu Hügeln, Gletscher verwandeln sich in Täler und aus Hochebenen werden Canyons. Steinerne Bögen, Kuppeln und Türmchen recken sich dem Himmel entgegen. Bis die Erosion solche Formationen aus Felsen gemeißelt hat, dauert es Jahrmillionen.

Flüsse und Ströme entreißen der Erde jedes Jahr 20 Milliarden Tonnen Steine. Das führt dazu, dass die Kontinente innerhalb von 1000 Jahren um 3 cm absinken.

WIE entstanden die tiefen Täler der Hochgebirge?

Durch Gletscher, deren eisige Gletscherzunge bis in die Täler reicht. Schiebt sich ein Gletscher nach vorne, reißt er Steine und Geröll mit sich fort. Wenn schließlich das Eis schmilzt, bleibt ein tiefes u-förmiges Tal zurück.

WARUM gibt es in der Wüste Steine, die wie Pilze aussehen?

Diese eigenartigen Steine hat der Wind geformt. Er treibt den feinen Wüstensand dicht am Boden vor sich her und schleift ohne Unterlass den Fuß der Felsen ab. Schließlich bleibt nur noch eine zierliche Säule übrig.

WO kommen die kegelförmigen Hügel in Südchina her?

Die Landschaft um die südchinesische Stadt Guilin

Fischer in der Dämmerung am Fuß der Hügel von Guilin.

ist für ihre merkwürdig geformten Hügel bekannt. Wie sind sie nur mitten in der Ebene emporgewachsen? Gar nicht! Der Boden um die Hügel hat sich unter dem Einfluss des Regens abgesenkt. Solche Karstlandschaften entstehen in Gegenden, deren Grund aus bröckeligem Kalkstein besteht.

WIE entstand der Grand Canyon in Colorado, USA?

Vor langer Zeit war der Staat Colorado eine am Meer gelegene Ebene, durch die sich gemächlich ein Fluss schlängelte. Als plötzlich der Meeresspiegel stark abfiel, verwandelte sich Colorado in eine Hochebene, die das Meer überragte. Aus dem ruhigen Fluss wurde ein reißender Strom, der den Abhang hinunterstürzte. In nur 10 Millionen Jahren höhlte das Wasser den Canyon so aus, wie wir ihn heute kennen.

WIE bilden sich die Strände am Meer?

Durch die Wellen, die sich unablässig an den Klippen brechen und dabei die Felsen aushöhlen. Irgendwann stürzt ein Teil der Klippe ein. Die Steinbrocken fallen ins Meer, wo sie von den Wellen hin und her geworfen werden, bis sie wieder am Fuß der Klippe

landen. So entsteht ein Kieselstrand. An anderen Stellen treffen die Wellen auf das sandige Wasser eines Flusses. Das Flusswasser verlangsamt dadurch seinen Lauf und lagert den Sand am Ufer ab: Ein Sandstrand entsteht.

NA SO WAS!

● Der Angelfall in Venezuela ist der höchste Wasserfall der Erde. Er stürzt aus 979 m in die Tiefe. Die Niagarafälle, die zwischen den USA und Kanada liegen, sind nur etwa 50 m hoch.

DIE BERGE

- *Jede landschaftliche Erhebung, die höher als 600 m ist, ist ein Berg. Im Unterschied zu Vulkanen, die meist einzeln stehende Gipfel bilden, treten Berge immer in einer Kette auf: In Europa ist es die Bergkette der Alpen, in Asien der Himalaja und in Amerika die Anden und die Rocky Mountains.*

- *Der Mount Everest im Himalaja ist mit 8848 m Höhe der höchste Berg der Erde.*

- *Die Anden bilden die längste zusammenhängende Bergkette der Welt. Sie erstrecken sich über eine Länge von 7250 km. Der Himalaja ist nur 2500 km lang.*

- *Der höchste Gipfel der Alpen ist der 4807 m hohe Montblanc.*

WO kommen die Berge her?

Berge entstehen dort, wo das Meer zwischen zwei Landmassen eingekeilt ist. Wenn sich die Landmassen aufeinanderzubewegen, wird der Sand des Meeresbodens zusammengeschoben. Wenn dann die Landmassen an der Küste aufeinandertreffen, schiebt sich die weichere unter die härtere. Zusammen mit dem Sand ergeben sich aus der aufgeworfenen Erde Berge.

gerätst du aber ganz außer Atem und dein Herz klopft, als wollte es zerspringen. Bergführer wissen das und gehen deshalb ganz langsam und in gebückter Haltung. So können sie stundenlang marschieren.

WARUM laufen Bergführer in gebückter Haltung?

Um weniger Sauerstoff zu verbrauchen. Wenn du das erste Mal in den Bergen wanderst, fühlst du dich ganz leicht, weil die Luft um dich herum dünner ist. Gleichzeitig

Das Mer de Glace ist ein 12 km langer Gletscher des Montblanc-Massivs. Allerdings wird er jedes Jahr kleiner.

WARUM sind Lawinen unterschiedlich gefährlich?

Das liegt an der Beschaffenheit des Schnees. Schwerer feuchter Pappschnee verursacht Lawinen, die alles mit sich fortreißen, dabei aber recht langsam sind. Trockener Pulverschnee dagegen führt zu sehr schnellen Lawinen, die wie eine Bombe alle Häuser im Umkreis in die Luft sprengen.

Der feine Schnee dringt außerdem in die Lungen der Menschen ein, sodass sie ertrinken.

WIE entstehen Gletscher?

Auf den Berggipfeln sammelt sich in Mulden und Senken der Schnee und wird zu Eis. Wenn sehr viel Schnee fällt, wächst das Eis über die Senke hinaus und beginnt ganz langsam den Berg hinunterzufließen wie ein Fluss in Zeitlupe.

WARUM fällt uns auf dem Gipfel das Atmen schwerer?

Weil es dort oben weniger Sauerstoff gibt. Sauerstoff ist schwer. Deshalb ist in den Ebenen, nahe des Erdbodens, mehr Sauerstoff vorhanden als in der Höhe. Je höher man steigt, desto weniger Sauerstoff enthält die Luft. Man sagt, sie wird dünner. In 3000 m Höhe wird es einem leicht schwindelig und ab 6000 m kann man kaum noch atmen.

NA SO WAS!

● 90 der 100 höchsten Gipfel der Welt gehören zum Himalaja. Sie sind alle über 7300 m hoch. Der Himalaja wächst mit einer Geschwindigkeit von 2 m in 1000 Jahren noch immer weiter in die Höhe.

WÜSTEN

- Alle Regionen der Erde, in denen weniger als 25 cm Regen pro Jahr fallen, nennen wir Wüsten.

- Die Wüsten unterscheiden sich. Es gibt heiße Wüsten wie die Sahara und kalte wie die Wüste Gobi.

- Sandwüsten werden Erg genannt, Steinwüsten Reg.

- Die Sahara bedeckt eine Fläche von 8,6 Millionen km² und ist damit die größte Wüste der Erde. Sie ist so groß wie die USA und nimmt ein Drittel Afrikas ein.

WARUM sind manche Wüsten aus Sand?

Das liegt am Wasser, genauer gesagt am Tau. Der Tau setzt sich in Felsspalten ab und da es nachts sehr kalt ist, gefriert er. Dadurch dehnt sich das Felsgestein aus. Wenn es am Morgen wärmer wird, schmilzt der Tau und der Fels zieht sich wieder zusammen. Die ständige Bewegung führt dazu, dass der Fels irgendwann zerspringt. Die Felsstückchen werden vom Wind verweht, sie stoßen aneinander und prallen gegen Felsbrocken, bis sie schließlich zu Sand zermahlen sind.

WIESO sind manche Wüsten aus Steinen?

Weil diese Steine zu hart sind, um durch die Erosion in Sand verwandelt zu werden. Der Wind ist aber stark genug, die Steine umherzuwirbeln, was sehr gefährlich ist!

WESHALB sieht man in der Wüste Fata Morganas?

Dicht über dem Erdboden ist die Luft so heiß, dass sie das Licht reflektiert und entfernte Gegenstände widerspiegelt. Oft liegen mehrere heiße Luftschichten übereinander, sodass die Bilder unendlich oft hin und her geworfen werden.

Monument Valley ist eine große Wüste im Süden der USA. Sie liegt im Reservat der Navajo-Indianer. Ihr roter Sand, aus dem sich erstaunliche Steinformationen erheben, erstreckt sich über mehr als 120 km².

WARUM können Wüsten auch am Meer liegen?

Weil das Meerwasser dort viel zu kalt ist, um zu verdampfen und dann wieder abzuregnen. Die Atacama-Wüste in Chile liegt zum Beispiel am Meer und ist gleichzeitig der trockenste Ort der Erde: Zwischen 1571 und 1971, also in 400 Jahren, fiel hier kein einziger Tropfen Regen! In Küstennähe wird das warme Wasser an der Oberfläche von Strömungen fortgetragen und durch eisiges Wasser aus den Tiefen des Ozeans ersetzt.

WIE wandern Dünen?

Wenn es windig ist, scheinen die Sanddünen zu dampfen. In Wirklichkeit handelt es sich aber um Sandkörner, die vom Wind über den Kamm der Düne geweht werden und auf deren Windschattenseite landen. Wenn die Sandkörner aneinanderstoßen, schieben sie sich gegenseitig weiter voran. Und schon wandert die Düne.

WIESO singen manche Dünen?

Dieses Geheimnis konnte bis heute nicht gelüftet werden. Abends geben manche Dünen einen sehr tiefen Ton von sich, der wie ein Trommelwirbel klingt. Vielleicht erzeugen ja die Sandkörner dieses Geräusch, wenn sie die Düne hinabgleiten und dabei aneinanderstoßen.

NA SO WAS!

● Am 13. September 1922 wurde in Al-Aziziyah in der Libyschen Wüste die höchste Temperatur gemessen: Die Luft war 58 °C heiß und der Sand sogar 80 °C!

DIE POLE

- *Südpol und Nordpol haben nichts gemeinsam. Der Südpol ist ein Kontinent, der von Ozeanen umgeben ist. Der Nordpol ist ein von Inseln gesäumtes Meer. Die größte dieser Inseln ist Grönland.*

- *Die Antarktis am Südpol erstreckt sich über eine Fläche von rund 13 Millionen km². Das Eis ist hier an manchen Stellen über 4000 m dick und wiegt zusammen genommen 30 Billiarden Tonnen.*

- *Die vergletscherte Landfläche der Arktis am Nordpol ist 2 Millionen km² groß. Das Packeis ist im Durchschnitt nur 100 m dick. In Grönland kann die Eisschicht aber eine Dicke von 3000 m erreichen.*

WAS ist Packeis?

Das im Meer vorkommende Eis. Am Nordpol entsteht es vor allem durch gefrierendes Meerwasser. Am Südpol ist es meist abgebrochenes Gletschereis.

WIE bilden sich Eisberge?

Eisberge entstehen im Frühling, wenn die Luft mit Temperaturen zwischen 0 °C und 10 °C ein bisschen milder als sonst ist. Die Eismassen, die sich am Südpol ansammeln, und die Gletscher, die die Inseln rund um den Nordpol bedecken, werden weich und rutschen auf das Meer zu. Hier brechen Teile des Eises ab,

fallen ins Wasser und treiben als Eisberge davon.

WARUM sehen nicht alle Eisberge gleich aus?

Eisberge, die vom antarktischen Packeis abgebrochen sind, sind flach wie ein Tisch. Sie schwimmen wie große Plattformen auf dem Wasser, aus dem sie etwa 30 m weit heraus ragen. Eisberge, die von den hohen Gletschern Grönlands stammen, sind wie Pyramiden geformt und ganz zerklüftet. Der über dem Wasser sichtbare Teil ist bis zu 100 m hoch!

Wenn es Sommer wird, brechen unterschiedlich große Stücke des Packeises ab und treiben im Meer. Dort schmelzen sie.

WARUM gehen Eisberge nicht unter?

Weil zwischen den Schneeflocken Luft eingeschlossen wurde, als sie sich in Eis verwandelten. So können Eisberge im Wasser treiben, obwohl 80 % ihrer Masse unter Wasser liegen.

WESHALB sind Eisberge nicht salzig?

Weil sie aus Schnee und somit aus Süßwasser bestehen. Das Packeis der Arktis ist aber salzig, weil es aus gefrorenem Meerwasser besteht.

WARUM machen Forscher Expeditionen an die Pole?

Um die Luftbläschen zu untersuchen, die im Eis eingeschlossen sind. Sie geben Auskunft darüber, wie das Wetter vor 200 000 Jahren war. Die Forscher schneiden für ihre Untersuchungen möhrenförmige Bohrkerne aus dem Eis.

WIESO stoßen keine Schiffe mehr mit Eisbergen zusammen wie die Titanic?

Weil der Atlantik heute von Flugzeugen überwacht wird. Sobald ein im Wasser treibender Eisberg entdeckt wird, wird er von der Ice Patrol, der „Eisbergpatrouille", von der Luft aus gesprengt.

NA SO WAS!

● Der größte uns bekannte Eisberg löste sich 1956 in der Antarktis: Er erstreckte sich über 31 000 km². Diese Fläche ist größer als Belgien! Erst nach über 10 Jahren war er ganz geschmolzen.

INSELN

- *Inseln sind vollständig von Wasser umgebene Landmassen.*

- *Manche Inseln wie Japan tauchten einfach aus dem Ozean auf und sind vulkanischen Ursprungs.*

- *Andere Inseln wie Korsika oder Madagaskar sind kontinentale Inseln. Sie entstanden, als sich Teile der Landmassen lösten.*

- *Grönland bedeckt eine Fläche von 2,2 Millionen km² und ist somit die größte Insel der Erde.*

- *Im Pazifik gibt es die meisten Inseln: circa 25 000!*

WIE entstehen Korallenriffe?

Diese Riffe sind die letzte Ruhestätte toter Korallen und gleichzeitig die Kinderstube für den Nachwuchs. Korallen sind Tiere, die ihr Skelett wie eine Rüstung außen tragen, um ihren weichen Körper zu schützen. Das Skelett besteht

aus Kalzium, das aus dem Meerwasser aufgenommen wird. Korallen leben dicht aneinandergedrängt in Gruppen. Stirbt eine Koralle, bleibt ihr Skelett an Ort und Stelle und ein Jungtier siedelt sich darauf an. Im Laufe der Zeit bilden die angehäuften Skelette, die der Sand fest miteinander verbunden hat, die Korallenriffe.

WIESO sehen viele Inseln wie Berge aus?

Inseln in Küstennähe waren vor sehr langer

Zeit mit dem Festland verbunden. Am Ende der Vorzeit stieg aber der Meeresspiegel plötzlich an und das Wasser überschwemmte das Tiefland der Küsten. Nur die höchsten Berggipfel ragen noch heute als Inseln aus dem Meer.

WARUM gibt es rund um Europa keine Korallenriffe?

Weil das Meerwasser hier zu kalt ist. Korallen leben in

Vulkanische Inseln sind von Lagunen umgeben. Vom Flugzeug aus gesehen ist das ein atemberaubender Anblick.

WARUM rauchen viele Inseln?

Weil sie Vulkane sind. Zu Beginn befindet sich der Vulkan am Meeresgrund und ist noch ganz klein. Die Lava, die er ausspeit, erkaltet, sobald sie mit dem Wasser in Kontakt kommt. Das bildet den Grundstein der Insel. Nach und nach wächst diese nun an, bis eines Tages Rauch aus dem Wasser aufsteigt und Flammen in die Höhe schlagen. Jetzt dauert es nicht mehr lange, bis die neue Insel ihre Nase aus dem Wasser streckt.

WIESO ist das Wasser in Lagunen so blau?

In der zwischen einem Korallenriff und einer Insel liegenden Lagune ist das Meer so seicht, dass sich der Himmel darin spiegelt. Das Korallenriff bildet die Grenze, ab der der Meeresboden plötzlich steil abfällt und das Wasser tief wird. Dort ist das Meer dunkel, bewegt und von Haien bevölkert. Durch das Riff ist die Lagune für sie unerreichbar.

seichtem Wasser und brauchen viel Sonne. Denn die kleinen Algen, von denen sie sich ernähren, und die sich auf den Korallen niederlassen, brauchen viel Licht. Außerdem muss regelmäßiger Wellengang das Wasser in Bewegung halten, weil die Korallen in stehendem Wasser vom Schlick erstickt werden.

NA SO WAS!

● Das Große Barriereriff vor der Küste Australiens ist das größte Korallenriff der Erde und damit auch der größte lebende Organismus der Erde. Es ist 2400 km lang und 200 km breit und sogar vom Mond aus zu sehen.

HÖHLEN

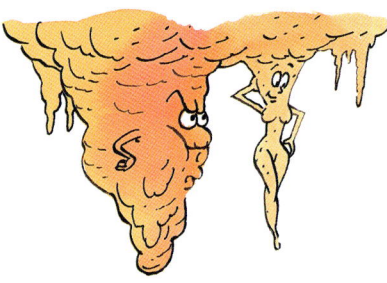

Tropfen für Tropfen bahnt sich das Wasser seinen Weg. Es dauert 10 000 Jahre, bis aus einem feinen Riss in der Erde eine bleistiftbreite Spalte wird. Noch einmal 90 000 Jahre später hat sich darunter eine 3 m große Höhle gebildet. Man kann sich also vorstellen, wie unendlich viel Zeit vergeht, bis riesige Karsthöhlen, unterirdische Gänge oder Tropfsteinhöhlen mit ihren beeindruckenden Steinformationen entstehen.

- Stalaktiten werden pro Jahr 2 mm länger. Der größte bisher bekannte Stalaktit befindet sich in der Cuevas de Nerja in Spanien und misst über 60 m.

- Der mit 29 m Höhe größte Stalagmit ist im Aven Armand in Frankreich zu sehen.

WARUM gibt es dünne und dicke Stalaktiten?

Wenn die herunterfallenden Wassertropfen sehr dick sind, prallen sie vom Boden wieder ab und heften sich wie ein Kaugummi an die von der Decke hängenden Stalaktiten. Umso stärker es tropft, umso dicker werden die Stalaktiten.

WIE entstehen Tropfsteine?

Kalk ist wie Zucker: er löst sich zwar im Wasser, verschwindet aber nicht. Im Wasser schwimmen nun winzige Kalkteilchen. Wenn es von einer Höhlendecke tropft, lagert sich der Kalk am Gestein ab. So wächst langsam eine Kalksäule nach unten. Auf dem Boden hinterlassen die Wassertropfen Kalkablagerungen, die sich langsam nach oben auftürmen.

WIE unterscheidet man Stalaktiten und Stalagmiten?

Stalaktiten sind Tropfsteine, die von der Decke einer Höhle nach unten hängen und in der Regel spitz zulaufen. Stalagmiten dagegen wachsen vom Boden aus in die Höhe und

sind am oberen Ende eher stumpf. Manchmal wachsen Stalaktiten und Stalagmiten zu einer Säule zusammen.

WIE entstehen Abgründe?

Wenn die Decke einer Höhle einbricht. Der tiefste Abgrund der Welt ist das Réseau Jean-Bernard in den französischen Alpen: Dort geht es 1602 m hinab!

WIE bilden sich Höhlen?

Die wichtigste Rolle dabei spielt der Kalk. Überall, wo der Grund aus Kalkstein besteht, bilden sich unter der Erde Höhlen. Das Wasser löst den Kalk und höhlt das Gestein wie einen Schweizer Käse aus. Dies passiert, weil das Wasser eine Säure enthält, die es zusammen mit dem Kohlendioxid der Luft bildet. Diese Säure greift keine anderen Gesteinsarten an, nur Kalkstein.

WIE entstehen die Steinformationen in Tropfsteinhöhlen?

Tropfsteinhöhlen gehören zu den schönsten und prächtigsten Höhlen. Sie sind mit Säulen und versteinerten Blumen verziert. Die Säulen entstehen, wenn ein Stalagmit und ein Stalaktit zusammenwachsen. Die Blumen bilden sich durch tröpfchenweise versickerndes Wasser an den Wänden. Außerdem entsteht an den Wänden ein Muster durch schräg ablaufendes Wasser.

NA SO WAS!

● Die größte Höhle der Welt ist die Sarawak Chamber auf der Insel Borneo (Malaysia). Sie ist 700 m lang, 430 m breit und 120 m hoch. In ihr könnte man locker 800 Tennisplätze unterbringen!

GESTEINSARTEN

- **Gesteine werden in drei große Gruppen unterteilt.**

- **Magmatische Gesteine entstehen aus Lava, die abkühlt und fest wird. Granit ist der bekannteste Vertreter dieser Gruppe.**

- **Sedimentgesteine setzen sich aus den Überresten anderer Gesteine zusammen, können aber auch aus Sand oder Kreide bestehen.**

- **Metamorphite entstehen aus magmatischen Gesteinen und Sedimentgesteinen, die Hitze und Druck ausgesetzt sind. Beispiele hierfür sind Schiefer und Marmor.**

WIE entsteht Kreide?

Kreide bildet sich im Meer. Sie entsteht aus abgestorbenen Muscheln und Fischen. Die Schalen und Gräten sinken auf den Meeresgrund, wo sie durch die Bewegung des Wassers zu Staub zermahlen werden. Kleine Häufchen türmen sich auf, die zum Schluss ganze Kreidefelsen formen. Schulkreide besteht also unter anderem aus Fischgräten!

WIE entsteht Marmor?

Marmor ist ebenso wie Kreide eine Kalksteinart. Er besteht also auch aus den Überresten von Muschelschalen und Fischgräten. Wenn in der Nähe dieses Sedimentgesteins ein Vulkan ausbricht, schmilzt das Gestein durch die Hitze der Lava. Daraufhin kristallisiert es neu und wird dabei sehr hart.

WIESO gäbe es ohne Vulkane keine Schlösser an der Loire?

Weil die Loire-Schlösser aus Tuffstein gebaut wurden. Dieses Gestein besteht aus Vulkanasche. Herabfallende Asche bildet den Nährboden für Kräuter und Moose. Diese hinterlassen im entstehenden Tuff viele winzige Löcher, sodass er sehr weich und leicht zu behauen ist.

Die Kreidefelsen werden unter dem Ansturm der Wellen immer kleiner.

WIESO ist Erde wichtig und nützlich?

In der Erde ist zum Beispiel Ton enthalten, aus dem man Töpferwaren und Ziegel herstellt. Mischt man den Ton mit Kalk, so erhält man Zement. Sand ist ebenfalls ein Bestandteil der Erde. Wenn man ihn stark erhitzt, schmilzt er und man kann Glas daraus machen. Natürlich gehört auch Kies zur Erde. Mischt man Zement, Sand und Kies, so ergibt das Beton.

WARUM ist unser Planet von Erde bedeckt?

Das Erdreich besteht aus zermahlenem Gestein. Flüsse, Regen und Wind haben das Gestein im Zuge der Erosion zerkleinert und in den Ebenen abgelagert. Erde gehört also zu den Sedimentgesteinen.

WESHALB deckt man Hausdächer mit Schiefer?

Weil Schiefer ein Gestein ist, das leicht in dünne Platten zerteilt werden kann. Schiefer entsteht, wenn eine Tonschicht in der Erde stark zusammengepresst wird. Der Ton faltet sich dabei in übereinanderliegende Schichten. Schiefer ist ein Metamorphit.

NA SO WAS!

- Die ältesten Steine entstanden vor 3,9 Milliarden Jahren, also fast zur gleichen Zeit wie die Erde.

SCHÄTZE AUS DER TIEFE

- *Die Erde ist eine wahre Schatztruhe, in deren Tiefen man Edelsteine, Metalle, Kohle, Erdöl und Gas findet.*

- *Die Metalle werden industriell verarbeitet, Kohle, Erdöl und Gas liefern uns Energie und Edelsteine werden zu Schmuckstücken geschliffen.*

- *Unter der Erde gibt es etwa 3000 Minerale, aber nur 15 bis 20 von ihnen sind Edelsteine.*

- *In den westlichen Industrieländern verbraucht ein Mensch heute circa 1,4 t Erdöl im Jahr.*

- *Wenn wir Erdöl und Kohle in der bisherigen Geschwindigkeit weiterfördern, werden die Vorkommen in 60 Jahren aufgebraucht sein.*

WIE entstand Erdöl?

Erdöl hat sich im Laufe vieler Jahrmillionen am Grund urzeitlicher warmer Meere gebildet. Winzige Überreste toter Pflanzen und Tiere sanken auf den Meeresboden, wo sie schließlich von Sand bedeckt wurden. Sie begannen zu gären und verwandelten sich in eine zähflüssige, dunkle Masse. Diese stieg nach oben und durchtränkte den Sand.

WIE entstand Kohle?

Kohle entstand aus üppigen Wäldern, die vor rund 355 Millionen Jahren die sumpfigen Gegenden der Erde bedeckten. Abgestorbene Pflanzen versanken im Morast, wo sie durch Wärme und Druck langsam zu Kohle wurden.

WARUM findet man in der Sahara Erdöl?

Weil die Sahara vor sehr, sehr langer Zeit einmal der Grund eines Meeres war, also genau der Ort, an dem Erdöl entsteht.

WIE kommt es zu einer Ölpest?

Große Tankschiffe transportieren gigantische Mengen Öl über die Meere. Dabei kommt es viel zu oft zu wahren Katastrophen: Die Schiffe schlagen Leck und ihre Ladung, das Öl, läuft ins Wasser aus. Da Öl leichter ist als Wasser, treibt es als Teppich auf der Wasseroberfläche.

1 – Smaragd 2 – Diamant
3 – Rubin 4 – Saphir

WOHER haben Edelsteine ihre schönen Farben?

Sie verdanken sie Metallen. Rubine erhalten ihre rote Farbe vom Chrom. Saphire sind blau, weil sie Eisen und Titan enthalten. Smaragde weisen aufgrund von Aluminium eine grüne Färbung auf.

Es verschmutzt die Strände und tötet unzählige Tiere.

WESHALB ist Bernstein kein gewöhnlicher Edelstein?

Weil er kein Edelstein ist. Die alten Griechen glaubten, der honiggelbe Bernstein würde von den Strahlen der untergehenden Sonne gemacht. In Wirklichkeit handelt es sich bei Bernstein um versteinertes Harz von Nadelbäumen, die die Erde vor 60 Millionen Jahren bedeckten.

NA SO WAS!

● Diamanten sind die härtesten und zugleich kostbarsten Steine. Das ist nicht verwunderlich: In 25 t Gestein befindet sich in der Regel nur 1 g Diamanten.

DAS PFLANZENREICH

- *Die ersten Lebewesen der Erde tauchten vor 3,5 Milliarden Jahren auf. Einige von ihnen waren in der Lage ihre Nahrung selbst herzustellen: die Pflanzen. Dank dieser Fähigkeit konnten sie trotz der damals unwirtlichen Umgebung überleben. Das führte dazu, dass Tiere und schließlich auch die Menschen entstehen konnten.*

- *Die größten Pflanzen sind die Riesenmammutbäume in Kalifornien. Sie können 120 m hoch werden.*

- *Die kleinsten Blütenpflanzen sind die Wasserlinsen. Ihr Durchmesser beträgt nur 0,3 mm.*

WIE ernähren sich Pflanzen?

Im Unterschied zu uns und den Tieren nehmen Pflanzen keine feste Nahrung zu sich. Sie stellen die benötigten Nährstoffe, Proteine, Zucker und Fett, selbst her. Als Grundlage dazu dienen das Wasser im Boden, das Kohlendioxid aus der Luft und das Sonnenlicht. Wenn das Licht im Winter abnimmt, und das Wasser im Boden gefriert, können sich die Pflanzen nicht mehr ernähren und halten ähnlich wie Bären und Murmeltiere eine Art Winterschlaf.

WARUM bewegen sich Pflanzen nicht?

Menschen und Tiere haben ein Nervensystem. Deshalb springst du zum Beispiel vom Stuhl, wenn dich jemand zwickt. Pflanzen haben kein solches Nervensystem und können deshalb keine schnellen Bewegungen machen. Außerdem behindert sie dabei ihr außen liegendes „Skelett". Trotzdem bewegen sie sich, nur eben ganz, ganz langsam.

WIE steigt der Nährsaft in die Spitze der Pflanzen?

Pflanzen schwitzen: Sie verdunsten Wasser über ihre Blätter. Für das Wasser, das oben entweicht, brauchen sie Nachschub. Das frische Wasser saugen die Pflanzen über die Wurzeln aus dem Boden.

WIE funktioniert die Fotosynthese?

An der Unterseite der Blätter befinden sich winzige, spaltförmige Öffnungen, die Stomata genannt werden. Über sie dringt das Kohlendioxid aus der Luft in die Pflanze ein. Im Wasser des Pflanzensaftes löst es sich. Das Sonnenlicht erwärmt das Ganze. Dadurch verwandelt sich das Kohlendioxid in Zucker. Von diesem Zucker ernähren sich die Pflanzen.

her und geben ihn ab. Deshalb werden Wälder auch die grünen Lungen der Erde genannt.

WESHALB sind die Wurzeln von Pflanzen behaart?

Die Wurzeln der Pflanzen sind ständig auf der Suche nach Wasser. Sie haben Haare, weil sie mit deren Hilfe 10-mal mehr Wasser aufnehmen können. Außerdem sondern die Wurzeln eine glitschige Substanz ab. So können sie sich unbeschadet in den Boden bohren.

WARUM sind Pflanzen grün?

Weil ihre Blätter einen Farbstoff enthalten, den man Chlorophyll nennt. Dieser Farbstoff dient dazu, einen Teil des Sonnenlichtes auf-zunehmen. Wie du schon weißt, besteht das Sonnenlicht aus allen Farben des Regenbogens. Die Pflanzen nehmen die blauen, roten und violetten Bereiche des Lichts auf, aber kein Grün. Die grünen Lichtanteile werden reflektiert und lassen die Blätter grün erscheinen.

WARUM gäbe es die Menschen ohne Pflanzen nicht?

Weil wir Sauerstoff zum Atmen brauchen. Als die Pflanzen auf der Erde entstanden, enthielt die Luft aber nur sehr wenig Sauerstoff. Bei der Fotosynthese stellen die Pflanzen jedoch Sauerstoff

NA SO WAS!

• Pflanzen sind enorme Wassertrinker: Ein Hektar Mais braucht pro Tag 600 t Wasser!

ALGEN

- *Algen sind die ältesten Pflanzen der Welt. Sie haben sich nur wenig weiterentwickelt und zählen zu den blütenlosen Pflanzen.*

- *Kaum ein anderes Lebewesen ist so vielfältig wie die Algen: Sie können rot, grün oder blau sein, rund oder oval. Manche sind winzig klein wie die Kieselalgen oder riesengroß wie die Algen der Sargasso-See.*

- *Es gibt 40 000 verschiedene Algenarten. Sie erzeugen durch Fotosynthese zwei Drittel des Sauerstoffs auf der Erde. Aus diesem Grund sind Algen für die Menschen unverzichtbar.*

WIESO haben Algen unterschiedliche Farben?

Ihre Farbe hängt davon ab, wo sie wachsen. Findet man sie am Strand, sind sie grün. Die Algen, in denen man sich beim Schwimmen verheddern kann, sind braun. Ihr Chlorophyll ist von braunen und gelben Farbstoffen überlagert, die ihnen ermöglichen auch unter Wasser Sonnenlicht aufzunehmen. In der Tiefsee gibt es rote Algen. Diese Farbe hilft ihnen dabei, die wenigen Sonnenstrahlen aufzufangen, die bis zum Meeresgrund vordringen.

WARUM sind Algen glitschig?

Damit sie nicht sofort austrocknen und sterben, wenn eine Welle sie an den Strand spült. Aus den glitschigen Algen kann man Gelatine herstellen, die man für die Zubereitung mancher Nachspeisen braucht.

WESHALB leben manche Algen auf Muscheln?

Weil es keine andere Möglichkeit gibt. Der Spiraltang zum Beispiel gehört zu den Braunalgen und ist sehr verbreitet. Um zu wachsen muss er sich irgendwo festsetzen. Im Sand des Meeresbodens ist das nicht möglich. Deshalb heftet er sich an eine Muschel. Dieser kommt das übrigens ganz gelegen: Die Alge dient ihr als Schwimmboje, sodass sie nicht zu tief absinkt.

WARUM streiten sich Wissenschaftler über Algen?

Weil man von manch einfachen Algen nicht weiß, ob es sich um Pflanzen oder Tiere handelt. Die Augentierchen zum Beispiel sind sehr kleine grüne Algen. Sie enthalten Chlorophyll und leben von der Fotosynthese. Sie sind aber nicht wie die anderen Pflanzen von einer schützenden Hülle umgeben, sondern sind weich. Außerdem haben sie einen Magen und einen Darm. Ihre Exkremente scheiden sie über den Mund wieder aus. Sie sind weder Pflanze noch Tier und erscheinen uns eher außerirdisch!

WIE verwandeln sich Algen in Steine?

In Australien kann man an manchen Stränden große, runde Steine finden, die größer sind als ein Mensch. Sie entstanden aus Blaualgen. Diese Algen sind die ältesten Algen der Welt und entwickelten sich vor 3,5 Milliarden Jahren. Sie saugen sich mit Meerwasser voll, dessen Kalk sich in den Algen ablagert. Wenn die Alge stirbt, zersetzt sie sich bis auf den Kalk, auf dem sich bald wieder eine neue Blaualge niederlassen wird.

WIESO ist Plankton schwer verdaulich?

Plankton dient Walen und vielen Fischen als Nahrung. Es setzt sich zum Teil aus winzig kleinen Kieselalgen zusammen. Diese bestehen aus zwei durchsichtigen Hälften, die wie Schachtel und Deckel zusammenpassen. Sie sind es, die so schwer zu verdauen sind, weil sie Silicium enthalten, aus dem zum Beispiel Fensterglas hergestellt wird.

NA SO WAS!

● Der Kelp oder Riesentang ist die größte Alge. Er kann 50 bis 60 m lang werden und wurzelt auf dem Grund tropischer Meere. Oft bildet er ganze unterseeische Wälder.

PILZE

- *Wissenschaftlich gesehen gehören Pilze weder zu den Pflanzen noch zu den Tieren. Sie sind ganz eigenartige Pflanzen, die kein Chlorophyll enthalten und somit auch keine Fotosynthese betreiben.*

- *Sie ernähren sich wie Tiere von anderen Organismen, also von toten oder lebendigen Lebewesen.*

- *Pilze vermehren sich durch Sporen, die aus ihrem Hut rieseln. Es gibt über 180 000 verschiedene Pilzarten.*

WOHER hat der Bunte Schleimtrüffel seinen Namen?

Dieser Pilz wechselt im Laufe seines Lebens die Farbe von Gelb zu Dunkelbraun. Er enthält eine gallertartige Masse, in die die Sporen eingebettet sind. Nach der Reife verwandelt sich diese in ein stinkendes, schwarzbraunes „Gelee", das so klebrig ist wie Kaugummi.

WACHSEN Steaks auf Bäumen?

Natürlich nicht, aber man kann an Baumstämmen dicke, rote Gebilde sehen, die an Steaks erinnern. Dabei handelt es sich um einen Pilz, die Ochsenzunge. Sie ernährt

sich von den Bäumen. Dazu dringt sie durch Wunden in der Rinde in den Stamm ein und höhlt ihn von innen aus. Der geschwächte Baum kann eines Tages beim kleinsten Windstoß umfallen.

WIE fangen Pilze Insekten und Würmer?

Manche Pilze ernähren sich von winzigen Tieren. Da sie aber weder laufen noch fliegen können, haben sie andere Fähigkeiten entwickelt, um ihre Beute zu fangen. Manche besitzen

Diese Pilze wachsen im Wald: 1. Steinpilz – 2. Stoppelpilz – 3. Totentrompete.

WIESO haben Trüffel Eichen auf dem Gewissen?

Trüffel sind Pilze, die unter der Erde auf den Wurzeln von Eichen wachsen. Durch sie verlieren die Wurzeln ihre feinen Härchen und werden schließlich vom Geflecht des Pilzes erstickt. Die Eiche kann kein Wasser mehr aufnehmen und verdurstet. Auch das Gras wächst hier nur noch spärlich, da die Trüffel den Boden auslaugen.

WIESO sind Pilze aber auch sehr wichtig?

Weil Pilze Humus herstellen, den die anderen Pflanzen zum Gedeihen brauchen. Die Pilze zersetzen alles, was den Waldboden bedeckt: Blätter, Rindenstücke, tote Insekten ... Ohne Pilze wäre die Erde von all diesen Überresten bedeckt und nichts könnte auf ihr wachsen.

klebrige Fädchen oder klebrige Flecken, an denen die Insekten hängen bleiben. Es gibt sogar einen Pilz, der seine Ringe am Stiel ausdehnen und zusammenziehen kann. Kriecht ein Wurm darüber, wird er schlichtweg erwürgt.

NA SO WAS!

• Stäublinge sind häufig vorkommende Pilze. Ein einzelnes Exemplar kann 7000 Milliarden Sporen in einer Saison herstellen (siehe S. 103).

EINFACHE PFLANZEN

Moose und Flechten waren die ersten Pflanzen, die vor 450 Millionen Jahren die Meere verließen und das Land eroberten. Ihnen folgten die Farne und später primitive Bäume. Davon gibt es heute noch die Ginkos und die Palmfarne.

Vor 250 bis 380 Millionen Jahren war die Erde von Riesenfarnen bedeckt, die bis zu 40 m hoch waren. Heute gibt es noch 10 000 Farnarten. Die größte wächst auf der Insel Norfolk im Pazifik. Sie wird 25 m hoch.

WARUM sind Flechten ganz besondere Pflanzen?

Weil sie aus einer Alge und einem Pilz bestehen. Die Alge kümmert sich um die Nahrung, indem sie Fotosynthese betreibt. Der Pilz schützt die Alge davor, an der Luft auszutrocknen. Diese Lebensgemeinschaft ist sehr nützlich. Durch sie können sich Flechten auch überall dort ansiedeln, wo keine anderen Pflanzen überleben.

WAS zeigen Moose an?

Wenn keine Moose mehr an den Hauswänden der Städte wachsen, bedeutet dies, dass die Luft sehr stark verschmutzt ist. Moose haben keine Spaltöffnungen an den Blättern und können kein Wasser abgeben. Sie scheiden also die giftigen Stoffe, die sie aufnehmen, nicht wieder aus. Bei zu viel Schadstoffen in der Luft sterben sie.

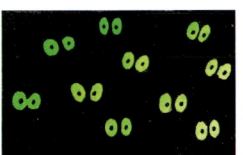

WESHALB brauchen Moose nicht viel Licht?

Moose wachsen im Unterholz und sogar in Felsspalten. Es stört sie nicht, wenn sie nur wenig Licht bekommen, denn ihre Stängel sind mit kleinen Lupen ausgestattet. Diese fangen auch den kleinsten Sonnenstrahl auf.

WIESO haben Moose keine Wurzeln?

Moose nehmen das Wasser wie ein Schwamm auf: Sie saugen die Feuchtigkeit der Luft über ihren Körper auf. Dadurch konnten sie wie die Flechten trockene Lebensräume erobern. Wenn die Luft zu trocken wird, halten Moose ein Schläfchen und wachen beim nächsten Regen wieder auf.

WIE vermehren sich Farne?

Farne sind weder männlich noch weiblich. Um sich zu vermehren setzen sie kleine gelbe Sporen frei, die sich an der Blattunterseite befinden. Die Sporen fallen zu Boden, keimen dort und bilden eine herzförmige Pflanze. Diese hübsche Zwischenform bildet ihrerseits Sporen. Davon sind einige männlich und einige weiblich. Die männlichen Sporen gelangen wie Surfer über einen Wassertropfen zu den weiblichen Sporen. Ohne Wasser gibt es also keinen Nachwuchs.

WIE entstand das Holz?

Als sich vor 350 Millionen Jahren die Farne entwickelten, war die Welt in dicken Nebel gehüllt. Auf der Suche nach dem Licht wuchsen die Farne immer weiter in die Höhe. Um nicht umzuknicken umgaben sie ihren Stängel mit Holz und verankerten ihre Wurzeln fest im Boden. Außerdem bildeten sie Markstrahlen aus, über die der Nährsaft aufsteigen kann, und ihre Blätter bekamen Spaltöffnungen.

NA SO WAS!

● Ginkos haben fächerförmige Blätter und existierten schon zur Zeit der Dinosaurier. In China gibt es einen Ginko, der über 3000 Jahre alt ist.

BLÜTENPFLANZEN

- **Blühende Pflanzen entstanden vor 100 Millionen Jahren, zur Zeit der Dinosaurier. Die Blüten enthalten die Fortpflanzungsorgane.**

- **So sind Zwitterblüten aufgebaut: An den Blütenstiel schließt sich ein kleiner grüner Blütenkelch aus länglichen Kelchblättern an. Darüber erhebt sich die Blütenkrone, die aus den Blütenblättern besteht. In der Blüte befinden sich kleine Fädchen. Das sind die Staubgefäße, die den männlichen Pollen herstellen. In der Mitte sitzt ein langes Gebilde, der weibliche Stempel, der den Pollen aufnimmt.**

- **Die Bestäubung übernehmen Insekten oder Vögel. Die Pflanzen haben viele Tricks auf Lager, um diese Tiere anzulocken.**

WARUM duften Blumen?

Um Insekten anzuziehen. Blüten wie die des Majorans locken Schmetterlinge an. Sie öffnen sich deshalb erst gegen Ende des Sommers, wenn die hübschen Falter am häufigsten vorkommen. Manche Blüten stinken aber auch. Auf diese Weise verführen sie Fliegen.

WIESO sterben die Blüten wieder ab?

Sobald eine Blüte bestäubt wurde, hat sie ihren Dienst getan und ist überflüssig geworden. Die Pflanze, die sie bisher über den Blütenstiel ernährte, versorgt sie nun nicht mehr mit ihrem Nährsaft. Die Blüte verdurstet und verhungert schließlich.

WESHALB wechseln die Blüten der Rosskastanie die Farbe?

Sie haben am unteren Ende der Blütenkrone zwei gelbe Punkte, mit denen sie Insekten anlocken. Wenn die Blüte bestäubt wurde, stirbt sie aber nicht ab, sondern wechselt die Farbe: Die gelben Punkte werden rot. Da die Insekten rot aber nicht sehen können, besuchen sie die Blüte nicht mehr.

BESTÄUBEN sich die Blüten auch selbst?

Da sich in Zwitterblüten sowohl die männlichen Staubgefäße als auch der weibliche Stempel befinden, können sich die Blüten auch selbst bestäuben. Allerdings verliert die Pflanze dadurch an Lebenskraft. Um das zu vermeiden haben Avocadobäume ein ausgeklügeltes System: Manche Blüten öffnen sich am Morgen und produzieren Pollen, können aber keinen aufnehmen. Mittags schließen sie sich dann wieder. Wenn sie am

Nachmittag erneut aufgehen, können sie zwar Pollen aufnehmen, stellen aber keinen mehr her. Andere Avocadoblüten in der Nähe haben den umgekehrten Zeitplan.

WARUM haben Margeriten ganz besondere Blüten?

Margeriten haben nicht nur eine Blüte, sondern besitzen eine ganze Ansammlung von Blüten! Jedes weiße Blütenblatt ist eine eigene Blüte, die Zungenblüte heißt. Die kleinen gelben Röhren in der Mitte sind ebenfalls eigene Blüten, so genannte Röhrenblüten. Zusammen bilden sie eine größere Lande- und Anlockfläche für

Insekten. Blumen wie die Margeriten sind Korbblütler.

WESHALB sind Blüten bunt?

Um Tiere anzulocken, die den Pollen verteilen sollen. Jedes Tier hat seine Lieblingsfarbe: Bienen sehen zwar kein Rot, lieben aber die weißen Blüten von Kirschbäumen und die blauen Stiefmütterchen. Schwarze Streifen weisen wie Pfeile in die Mitte der Blüte, als sagten sie: „Zum Eingang geht es hier entlang, bitte!" Vögel dagegen lieben die Farbe Rot. Das reicht den Mohnblumen aber nicht: Sie sind nicht nur rot, womit sie Vögel anlocken, sondern senden auch noch ultraviolette Strahlen aus. Diese sind für den Mensch nicht sichtbar, aber die Bienen fliegen voll darauf!

Weißt du bald, ob ich Dich liebe?

WARUM sind Leuchterblumen ein Alptraum für Blattläuse?

Leuchterblumen haben die Form einer Flasche. Sie verströmen einen herrlichen Duft und sind an der Spitze von kleinen Härchen gekrönt. Der Duft lockt die Blattläuse an, die die Härchen für Artgenossen halten. „Lasst uns zu den anderen gehen", sagen sich die Blattläuse. Doch noch ehe sie sich versehen, sind sie in die flaschenförmige Blüte gefallen, auf deren Grund es nicht einmal Nektar gibt. Nun versuchen die Tierchen wieder aus der Blüte hinauszukrabbeln, aber die feinen Haare versperren ihnen den Weg. Viele Blattläuse sterben vor Hunger und Durst. Die Überlebenden können sich erst befreien, wenn die Blume nach einigen Tagen verblüht ist.

WIE überlistet der Hibiskus Kolibris?

Im Unterschied zu den Insekten, die kopfüber in die Blüten hineinkriechen, taucht der Kolibri seinen Kopf ungern in die bunte Pracht. Er zieht es vor, Abstand zu halten und nur seinen langen Schnabel in die Blüten zu schieben. Um sich den Kolibri zunutze zu machen, haben die Blüten des Hibiskus besonders lange Staubgefäße und einen Stempel, der einem Staubwedel gleicht. Während ein Kolibri den Nektar trinkt, streichen die Staubgefäße über seinen Rücken und verteilen den Pollen. Der Stempel der nächsten Blüte glättet das Gefieder wieder und nimmt dabei den Blütenstaub auf.

WIESO spielt die Osterluzei Hotelzimmer?

Jeden Abend verströmt die brasilianische Osterluzei den widerlichen Geruch von faulem Fisch. Das mögen die Fliegen und eilen in Massen herbei. Um ihnen den Zugang zu erleichtern hat die Osterluzei ein verlängertes Blütenblatt, das als Landebahn dient. Am Ende des Blattes befindet sich ein Loch. Die Fliegen fallen hinein und sind in der blasenförmigen Blüte gefangen. Dort müssen sie die Nacht verbringen. Am Morgen verwelkt die Blume und die Fliegen sind nicht nur wieder frei, sondern auch rundherum von Pollen bedeckt. Damit befruchten sie auf ihrer weiten Reise viele andere Blüten.

Ein Kolibri taucht seinen Schnabel in eine Hibiskusblüte.

den Pollen ab, den sie vorher auf einer anderen Blüte aufgenommen haben. Zum Ausgleich liefert der Aronstab ihnen leckeren Nektar. Während die Fliegen sich daran laben, bestäubt er sie mit Pollen und lässt sie schließlich zur nächsten Blüte ziehen.

WIE verschafft man sich beim Salbei Einlass?

Wenn es eine Biene auf den Nektar des violetten Salbeis abgesehen hat, muss sie erst mit dem Kopf ein kleines Türchen aufstoßen. Während sich die Blüte öffnet, geraten die Staubgefäße in

Bewegung und laden ihren Pollen auf dem Rücken der Biene ab. Diesen transportiert sie dann zu anderen Blüten, ohne es zu merken.

WIE züchten Helikonien Mücken?

Die Helikonie wird auch wilde Banane genannt und wächst in Sumpfgebieten. Ihre großen, roten Blüten haben die Form eines Bootes und sammeln Regenwasser. Sie sind die ideale Kinderstube für Mücken. Kolibris wissen das ganz genau. Sie kommen gern vorbei, um Mückeneier zu naschen und werden dabei von der Helikonie mit Pollen bepudert.

WIE verführt der Aronstab Mücken?

Der Aronstab hat ein auffälliges Blütenblatt, das mit einem Ölfilm versehen ist. Kleine Fliegen, die durch den Geruch angezogen werden, rutschen an diesem herunter und landen im Blütenkelch. Hier schlagen sie wild mit den Flügeln. So laden sie

HICKS, WER WILL NOCH EIN GLÄSCHEN?

NA SO WAS!

• Der südamerikanische Puya hat von allen Pflanzen den längsten Blütenstand. Er kann 10 m hoch werden.

SAMEN

- *Bohnen, Erdnüsse, Weizenkörner, Kaffeebohnen, Kastanien, Eicheln und Kokosnüsse haben eins gemeinsam: Sie alle sind Samen.*

- *Samen setzen sich aus drei Hauptteilen zusammen: Die Samenhülle umgibt den Samen. Sie kann wie bei der Bohne ganz dünn sein, oder ganz dick wie bei der Kokosnuss. Der Embryo ist winzig und befindet sich im Inneren des Samens. Er sieht wie die fertige Pflanze aus, nur viel, viel kleiner. Das Nährgewebe des Samens besteht vor allem aus Eiweiß. Davon ernährt sich der keimende Embryo.*

WIE schützen sich Samen?

Samen gleichen Scheintoten. Sie essen nicht, atmen nicht und sind so ausgetrocknet wie eine Mumie. Dadurch können sie nicht verfaulen. Damit sie im Boden nicht von Insekten angeknabbert werden, stellen manche Samen wie die Baumwollsamen Insektenvertilgungsmittel her. Andere schützen sich durch Antibiotika gegen Krankheiten. Daher erhalten die Mandel und auch der Samen der Aprikose ihren bitteren Geschmack.

WARUM ist gemahlener Weizen für Babys gefährlich?

Weil sich direkt unter der harten Hülle der Weizenkörner kleine Eiweißkügelchen befinden, das so genannte Gluten. Da Babys noch einen sehr kleinen Magen haben, können sie das Gluten nicht verdauen. Wir dagegen mögen es gern, da es das Brotinnere so schön weich macht.

WARUM keimen Mammutbäume erst bei einem Waldbrand?

Weil nur die Hitze des Feuers die harten Zapfen aufspringen lässt, in denen sich die Samen verstecken. Nach einem Brand ist den

Weizenfeld zur Erntezeit

WIE erkennen Samen die Zeit zum Keimen?

Samen keimen im Frühling. Das Ende des Winters können sie am Licht ablesen. Dunkelrotes Winterlicht erscheint, wenn die Sonne tief am Horizont steht. Im Mai, wenn die Sonne kräftiger ist, ist das Licht schon viel heller.

heranwachsenden Bäumen außerdem genug Platz und Licht garantiert.

WIESO haben Ringelblumen drei Arten von Samen?

Weil sie sicher gehen wollen, dass einige Samen auf fruchtbarem Boden landen. Die schweren Samen fallen direkt neben der Mutterpflanze herunter. Die leichten Samen werden ein wenig weiter weggeweht und die geflügelten Samen treten weite Reisen an.

WESHALB machen Erdnüsse dick?

Weil ihr Embryo noch vor dem Keimen all seine Energiereserven verputzt. Das ganze Eiweiß ist verschwunden und die Samenhülle, die wir aufknacken, ist ganz dünn geworden. Sie umgibt dann einen dicken, sehr kalorienreichen Kern.

NA SO WAS!

● Die Samen der kanadischen Lupine können 10 000 Jahre im gefrorenen Boden lagern, bevor sie keimen. Das ist noch länger als bei Lototsblumen, deren Samen immerhin 2000 Jahre ruhen können.

SAMEN AUF REISEN

Samen sind regelrechte Weltenbummler. Sie können springen, fliegen, schwimmen, kriechen und sich anheften. Manchmal werden sie auch gefressen. All dies dient dazu, einen neuen Lebensraum zu finden. Samen keimen nämlich viel besser an freien Plätzen, wo sie viel Licht bekommen, als im Schatten ihrer Mutterpflanze.

Um auf Reisen gehen zu können haben manche Samen Flügel, andere sind von feinen, weichen Härchen umgeben, die ihnen als Fallschirme dienen. Wieder andere sind mit kleinen Widerhaken ausgestattet, mit denen sie sich am Fell von Tieren festhalten.

WIE fliegen Samen?

Sie haben Flügel wie die Samen des Ahorns, verfügen über einen Fallschirm wie die Samen des Löwenzahns oder besitzen kleine Propeller wie die Samen des Lackbaumes. Andere umgeben sich mit weißem Flaum wie die Samen der Baumwolle oder sie wollen es den Vögeln gleich tun wie die gefiederten Samen der Klematis. Wieder andere erinnern an fliegende Teppiche wie die Samen des Pampasgrases, die mit langen Wedeln versehen sind.

WIE verwenden Geranien Samenschleudern?

Die Samen der Geranien baumeln am Ende kleiner Stiele. Wenn es Sommer wird und es weniger regnet, trocknen die kleinen Stiele aus und spannen sich wie ein Bogen. Wenn die Samen reif sind, geben die kleinen

Bögen plötzlich nach und schleudern die Samen weit von der Pflanze fort.

WIE funktioniert der Airbag der Seerosen?

Wenn die Frucht einer Seerose reift, löst sie sich und sinkt auf den Grund des Gewässers. Dort verfault sie und gibt so ihre Samen frei. Diese verfügen über kleine Luftkissen, sodass sie an die Wasseroberfläche steigen und mit der Strömung ziehen. Irgendwann auf der Reise wird das Luftkissen von einem Fisch oder einem Stück Holz angeritzt. Die Luft entweicht und der Samen geht erneut unter. Diesmal, um am Gewässergrund zu keimen.

Auf den Pazifikinseln ist es Tradition zur Geburt eines Kindes eine Kokospalme zu pflanzen.

WAS hat Mohn mit einem Salzstreuer gemein?

Die Mohnsamen sind so klein und fein wie Staub. Die Samenkapsel ist kugelrund und hat an der oberen Seite kleine Löcher. Sobald der Wind die Blüte hin und her schaukelt, verteilen sich die Samen über die Felder. Der Österreicher R. H. Francé erfand am Anfang des 20. Jahrhunderts den Salzstreuer, nachdem er eine Mohnblume eingehend betrachtet hatte.

WIESO wachsen auf einsamen Inseln Kokospalmen?

Weil die Kokosnuss tausende von Kilometern auf dem Wasser treiben kann, bis sie an die entlegensten Strände gespült wird. Kokosnüsse sind zwar schwer, aber innen hohl wie eine Boje. Ihr Fruchtfleisch ist mit viel Luft durchsetzt und ihre Schale lässt kein Wasser eindringen. Wenn eine Kokosnuss an einen Strand geschwemmt wird, ernährt sie sich von ihrer fetten Milch, bis sie auf dem Sand keimt und zu wachsen beginnt.

NA SO WAS!

● Eine Kokospalme kann 100 Jahre alt werden und jedes Jahr 450 Kokosnüsse tragen! Aus den Fasern der äußeren Fruchthülle werden Fischernetze hergestellt.

WIESO kann Gerste kriechen?

Wie die meisten Getreidearten hat auch die Gerste lange Haare, die die Ähre umgeben, die Grannen. Sie weist aber eine zusätzliche Besonderheit auf: Die Grannen sind von winzigen Schuppen umgeben, die nach oben zeigen. Es ist ein gemeiner Scherz, einem Freund eine Gerstenähre unter den Pulli zu stecken. Um so mehr er sich nämlich kratzt um so höher kriecht die Ähre mithilfe ihrer Schuppen.

WIE kommt die Mistel auf die Zweige?

Misteln haben schöne, dicke Beeren, die zwar lecker aussehen, aber sehr schleimig sind. Sie bleiben wie Kaugummi an den Schnäbeln der Vögel kleben. Um sie wieder loszuwerden reiben die Tiere ihren Schnabel an den Zweigen der Bäume. Dabei zerdrücken sie die Beeren und legen die Samen frei. Wenn diese keimen, dringen sie in die Rinde ein und ernähren sich vom Nährsaft der Wirtspflanze.

WIESO spielen Amseln die Hebammen für Eiben?

Die Samen der Eibe sind von einem roten Samenmantel umgeben. Er besteht aus süßem Fruchtfleisch und zieht die Amseln an. Die Samen sind aber bitter und schmecken den Vögeln gar nicht. Deshalb versuchen die Vögel beim Fressen den Samen zu umgehen. Da sie aber eher ungeschickt sind, picken sie mit ihrem Schnabel auch den Samen an, der daraufhin zu keimen beginnen kann!

WARUM brauchen Veilchen Ameisen?

Veilchen umgeben ihren Samen wie die Eiben mit einem süßen Samenmantel, den Ameisen besonders gern fressen. Diese sammeln die Samen und tragen sie in ihr Nest. Das Fleisch des Mantels ist aber so verführerisch, dass sich die Ameisen, noch bevor sie ihren Bau erreichen, über die Leckerbissen hermachen. Dabei verstreuen sie die Samen überall.

WIE vermehrt sich die Teufelskralle?

Die Teufelskralle ist ein dorniger Busch, der in Südafrika wächst. Die Samen sind von einer Schale umgeben, an der sich zwei lange, spitze Widerhaken befinden. Diese Frucht fällt zu Boden und wartet nur darauf, dass ein Tier in die spitzen Haken tritt. Vor Schmerz wird es dann losrennen, um sich von der Ursache zu befreien. Dabei werden die Samen überall verteilt. Die Widerhaken bleiben allerdings stecken.

WIE sorgen Vögel für den Pflanzennachwuchs?

Manche Pflanzen umgeben ihre Samen mit einer schönen roten Frucht, die Vögeln gut schmeckt. Bei der Verdauung werden die gefressenen Früchte im Vogelmagen hin und her gewälzt. Dadurch verlieren sie

Die Mistel ist ein Parasit, der nur auf Bäumen und Sträuchern wachsen kann.

ihre zähe Hülle. Schließlich werden sie mit den Exkrementen, die den Boden düngen, wieder ausgeschieden.

NA SO WAS!

● Die Samenschoten der Entada gigas, einer tropischen Pflanze, sind die größten der Welt: Sie werden 1,50 m lang und segeln wie Flöße über den Atlantik.

FRÜCHTE

- **Bei allen Blütenpflanzen sind die Samen von einer Frucht umgeben. Die Frucht schützt den Samen. Gleichzeitig zieht sie aber auch Tiere an, weil sie bunt gefärbt ist und süßes, saftiges Fleisch hat. Es gibt vier verschiedene Arten von Früchten:**

Steinfrüchte sind fleischig und enthalten nur einen Samen (z. B. Aprikosen und Kirschen).

Beeren sind auch fleischig, enthalten aber viele Samen (z. B. Trauben und Kiwis).

Nüsse sind trockene Früchte mit einer harten Schale und nur einem Samen (z. B. Haselnüsse).

Schoten sind ebenfalls trockene Früchte, aber sie enthalten mehrere Samen (z. B. Erbsen und Vanille).

- **Die nahrhafteste Frucht ist die Avocado. Rhabarber enthält die wenigsten Nährstoffe.**

WIESO ist die Erdbeere keine Frucht?

Öffne einmal eine Erdbeere: Es sind keine Samen darin. Die kleinen grünen Samen sitzen nämlich außen. Sie sind die eigentlichen Früchte. Die Erdbeere ist nur eine Scheinfrucht: ein großer, saftiger Blütenboden, der die Früchte trägt.

WOHER hat die Ananas (1) ihre seltsame Form?

Die Ananas entsteht aus einem ganzen Zweig der Pflanze. Ein Überbleibsel davon ist ihr Schopf aus Blättern. Diese Blätter wuchsen ursprünglich am Ende des Zweiges. Außerdem trägt sie ihre Samen außen auf ihren Schuppen. Sie ist also wie die Erdbeere eine Scheinfrucht.

1

WESHALB zählt auch der Apfel (3) zu den Scheinfrüchten?

Seine Kerne hält er zwar im Inneren verborgen, aber sie sitzen in einem Gehäuse.

GERADE NOCH MAL DAVONGEKOMMEN!

Das Gehäuse ist die eigentliche Frucht! Das leckere Fruchtfleisch ist also nur die Hülle der Frucht,

2

3

Die eigentliche Frucht des Apfels ist das Kerngehäuse. Hier befinden sich nämlich die Kerne.

WESHALB sind Pfirsichkerne (2) so hart?

Damit der Samen wirklich gut geschützt ist. Der Kern von Pfirsichen, Aprikosen und Kirschen besteht aus Holz. Wenn sich die Vögel darüber hermachen, kann ihr Schnabel ernstlich Schaden nehmen. Andere Pflanzen setzen auf Masse. Sie stellen viele Früchte her. So können sie sicher sein, dass nicht alle von den

Vögeln gefressen werden. Auf diese Weise werden die Samen noch schneller frei.

WARUM reifen Früchte im Keller alle zur gleichen Zeit?

Äpfel und Birnen werden den Winter über häufig im Keller eingelagert. Beim Reifen setzen sie ein Gas frei. Legt man grüne Bananen dazu, beeilen sie sich durch das Gas, auch schleunigst zu reifen.

sozusagen ihre Schale. Mit der Evolution lernten die Pflanzen ihre Samen immer besser zu schützen, teilweise eben mit einem besonders dicken Fruchtfleisch.

WIESO keimen die Samen nicht in der Frucht?

Der Saft der Früchte hält sie davon ab. Er enthält Säuren, die das Keimen verhindern. Außerdem geben die zuckerhaltigen Früchte ihnen kein Wasser ab.

NA SO WAS!

● Die Früchte der Brotbäume sind die größten der Welt: Sie wiegen 40 kg und schmecken tatsächlich nach Brot.

BÄUME

- *Bäume sind größer als alle anderen Pflanzen und leben auch länger. Ein echter Baum ist über 10 m hoch. Bäume, die nur einige Meter hoch sind und mehrere, dünne Stämme haben, nennt man Sträucher wie zum Beispiel den Haselstrauch.*

- *Man unterscheidet sommergrüne Bäume, die ihre Blätter im Herbst verlieren, und immergrüne Bäume, die ihre Blätter das ganze Jahr über behalten.*

- *Eichen können 40 m hoch werden und einige werden sehr alt: 2000 bis 4000 Jahre. Mit 50 Jahren sind sie ausgewachsen.*

WIESO werden die Blätter gelb?

Die Blätter der Bäume sind über kleine Stängel, die Blattstiele, mit dem Ast verbunden. Wenn es Herbst wird, umgibt der Baum die Stiele mit Kork: Die Blätter bekommen keinen Nährsaft mehr und verhungern. Ohne Wasser können sie keine Fotosynthese betreiben. Der grüne Farbstoff verblasst und die Blätter werden gelb.

WARUM löst sich die Rinde von den Bäumen?

Der Baumstamm wächst und wird immer größer und dicker. Die Rinde, die ihn umgibt, wird also irgendwann zu klein. Sie bricht auf und löst sich in großen Stücken. Palmen sind die einzigen Bäume, die nur in die Höhe wachsen. Ihr Stamm ist dünn und verliert die Rinde nie.

WORAN erkennt man das Alter eines Baumes?

Du weißt bestimmt, dass man die Jahresringe im Holz zählen muss. Aber aufgepasst: Ein Jahr besteht aus zwei Ringen. Der helle Ring entsteht im Frühjahr. Er besteht aus weichem Holz, das von vielen Markstrahlen durchzogen ist. Der dunkle Ring besteht aus dem Holz, das gegen Ende des Sommers wächst. Dieses ist faseriger. Die Größe der Ringe kann von Jahr zu Jahr verschieden sein. Schmale

Ringe weisen auf trockene Jahre hin, in denen es der Baum schwer hatte zu wachsen.

WARUM verlieren Laubbäume im Herbst ihre Blätter?

Wenn der Boden kalt ist, zirkuliert das Wasser nur langsam. Der Baum muss sich mächtig anstrengen, um das Wasser bis in die Wipfel hinaufzupumpen. Also verbraucht er im Winter einfach weniger Wasser. Dazu wirft er seine Blätter ab, über die tagsüber viel Wasser verdunstet.

Manche Buchen haben ganz knorrige Stämme, die sich in alle Richtungen winden. Einige kriechen sogar über den Boden.

WARUM ist ein Baumstamm „scheintot"?

Weil das lebendige Holz von zwei Lagen aus totem Holz umgeben ist. Die Rinde schützt den Stamm und bildet außen eine dicke Schicht aus totem Holz. Die Rinde enthält Kork und hält so das Wasser ab. Unter der Rinde befindet sich das Splintholz. Es ist von Markstrahlen durchzogen, in denen der Nährsaft fließt. Nach dem Splintholz kommt das Kernholz. Es besteht aus toten Zellen und ist sehr hart. Es dient dem Baum als Wirbelsäule.

WIESO haben manche Bäume ganz unauffällige Blüten?

Viele Bäume benötigen nur den Wind, um ihren Pollen zu verteilen. Ihre Blüten müssen also keine Insekten anlocken. Deshalb haben sie weder Blütenblätter, noch verströmen sie einen angenehmen Duft. Diese Blüten nennen wir „Kätzchen". Die männlichen Kätzchen sind leicht zu erkennen: Sie sind länglich, hängen nach unten und stellen große Mengen des feinen Pollens her.

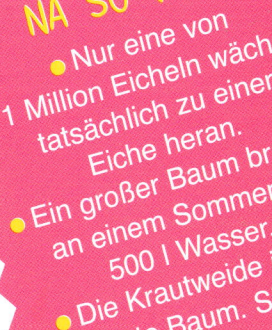

NA SO WAS!

• Nur eine von 1 Million Eicheln wächst tatsächlich zu einer Eiche heran.

• Ein großer Baum braucht an einem Sommertag 500 l Wasser.

• Die Krautweide ist der kleinste Baum. Sie wird nur 10 bis 20 cm hoch.

87

NADELBÄUME

- *Nadelbäume entstanden vor 280 Millionen Jahren, noch vor allen anderen Bäumen. Einige Nadelbäume zählen zu den größten und ältesten Pflanzen.*

- *Nadelbäume werden Nacktsamer genannt, weil ihre Samen nicht von einer schützenden Fruchthülle umgeben sind. Weltweit gibt es 750 verschiedene Nadelbaumarten.*

- *Der Nadelwald der Taiga, der den Nordpol von Kanada bis Sibirien umgibt, macht ein Drittel des Waldes auf der ganzen Erde aus.*

WIESO sind Nadelbäume pyramidenförmig?

Um dem Schnee ein Schnippchen zu schlagen. Nadelbäume wachsen nämlich vor allem im Norden, wo es viel und häufig schneit. Durch ihre Form gleitet der Schnee an den Bäumen ab und rutscht zu Boden, bevor die Zweige unter seiner Last abbrechen.

WARUM knackt es in Nadelwäldern häufig?

Das Geräusch kommt von den Zapfen der Bäume. Sobald es im Sommer heiß wird, springen die Zapfen auf. Die Schuppen öffnen sich und die Samen fallen heraus. Im Frühling sind die Zapfen noch grün und geschlossen, denn es ist noch nicht heiß genug.

WESHALB ist die Araukarie kein Kletterbaum für Affen?

Weil die Ränder ihrer großen, dicken Blätter so scharf wie Rasierklingen sind. Hier zu klettern ist für Affen lebensgefährlich.

Nadelwälder sieht man oft in Bergregionen.

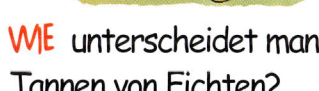

WIESO haben Nadelbäume keine Blätter, sondern Nadeln?

Nadelbäume wachsen auf trockenen Böden in besonders warmen oder sehr kalten Gegenden. Deshalb wurden sie mit sparsamen Blättern ausgestattet, den Nadeln. Sie sind lang und schmal, sodass über sie nur wenig Wasser verdunstet. Sie sind von einer Art Wachs überzogen, das sie vor Schnee und Kälte schützt.

WIE unterscheidet man Tannen von Fichten?

Diese zwei Nadelbäume werden oft verwechselt. Der Weihnachtsbaum wird zwar Tannenbaum genannt, ist aber meistens eine Fichte. Tannennadeln sind grünblau und an den Zweigen angeordnet, wie die Zähne eines Kammes. Sie bilden auf der Astoberseite einen Scheitel. Die Nadeln der Fichten hingegen stehen spiralförmig von den Ästen ab und zeigen in verschiedene Richtungen. Sie sind dunkler als Tannennadeln und gaben dem Schwarzwald seinen Namen.

WARUM verlieren Lärchen ihre Nadeln?

Lärchen kommen in den Bergen in sehr großer Höhe vor. Um der Kälte, dem Schnee und dem Wind trotzen zu können verlieren sie im September ihre Nadeln wie die Laubbäume ihre Blätter. Alle anderen Nadelbäume behalten ihre Nadeln.

NA SO WAS!

● Der älteste Baum der Welt ist eine fast 10 000 Jahre alte Fichte in Schweden. Sie ist noch viel älter als die langlebigen Kiefern in Kalifornien.

DIE WAFFEN DER PFLANZEN

- *Pflanzen können weder fliehen noch angreifen. Um sich zu verteidigen haben sie deshalb ganz besondere Waffen entwickelt. Die Rosen haben Dornen und die Disteln stachelige Blätter. Brennnesseln können dich verbrennen und die Beeren der Eibe sind giftig. Andere Pflanzen sind zwar weniger bekannt, ihre Waffen sind dafür aber noch raffinierter.*

- *Das am häufigsten vorkommende Pflanzengift ist Zyanid, ein Gift, das die Atmung lähmt. Es ist im Oleander, in bitteren Mandeln, im Spargel und in den Kernen von Kirschen, Pfirsichen und Aprikosen enthalten.*

WESHALB sind Brombeersträucher stachelig?

Brombeeren breiten sich im Unterholz über den Boden aus und recken ihre Zweige wie Fangarme in alle Richtungen. Mithilfe der Stacheln, die ihre Zweige bedecken, verdrängen sie alle Pflanzen, die ihnen in den Weg kommen. So können sie ungehindert dem Licht entgegenwachsen.

WIESO bekommen australische Schafe immer weniger Junge?

In Australien gibt es viel zu viele Schafe für den dort vorhandenen Klee. Deshalb hat dieser einen Stoff entwickelt, der die Schafe unfruchtbar macht. Umso mehr sie fressen, umso weniger Junge bekommen sie. Gleichzeitig wächst so immer mehr Klee zum Fressen!

WIE hungern Akazien Antilopen aus?

Sobald sich eine Antilope an die Blätter der Akazie heranwagt, verströmt der Baum ein Gas, das sich schnell ausbreitet. Die anderen Akazien nehmen das wahr und aktivieren sofort giftige Eiweißstoffe in ihren Blättern. Diese sind sehr schwer zu verdauen und verursachen den Antilopen heftige Bauchschmerzen. Da die Tiere das wissen, meiden sie die Akazien. Manche Antilopen sterben sogar lieber vor Hunger als die verhassten Akazienblätter zu fressen.

WARUM brennen Brennnesseln?

Wie du sicher weißt, sind Brennnesseln behaart. Jedes dieser Härchen funktioniert wie eine Spritze: Die Haare sind hohl und beinhalten eine Flüssigkeit, die unsere Haut verbrennt. An der Spitze der Haare sitzen glasartige,

Die Passionsblume wendet gerissene Tricks an, damit der Heliconius seine Eier nicht auf ihren Blättern ablegt.

WIE hält sich der Ackersenf Kühe vom Leib?

Der Ackersenf ist ein Kreuzblütler. Seine gelben Blüten haben vier Blütenblätter und sehen sehr schmackhaft aus. Um sich verfressene Wiederkäuer vom Leib zu halten stellt er einen Stoff her, der furchtbar im Hals brennt. Das funktioniert bei den Tieren, wir Menschen stellen aus diesem Stoff aber Senf her.

spröde Köpfchen. Sobald man ein Haar leicht berührt, brechen diese Köpfchen ab und die Flüssigkeit tritt aus.

WIE führen Passionsblumen Krieg gegen Schmetterlinge?

Der Heliconius ist ein Schmetterling, der seine Eier gerne auf Passionsblumen ablegt. Diese Blätter sind nämlich weich und die Leibspeise seiner Raupen. Die Passionsblume sondert deshalb an den Stielen und unter den Blüten einen sehr

süßen Nektar ab, der Ameisen in Scharen anlockt. Und die fressen gerne Schmetterlingseier. Andere Passionsblumen sind weitaus grausamer: Ihre Blätter sind mit kleinen Widerhaken bedeckt. Die Raupe kommt nach dem Schlüpfen nicht weit, sondern wird sofort aufgespießt.

NA SO WAS!

● Nur fünf bis zehn Pfirsichkerne können schon für ein Kind gefährlich sein.

WER VERSCHLUCKT SCHON ZEHN PFIRSICHKERNE?!

WIE ertränkt die Karde Nacktschnecken?

Die Karde ist eine Distel, deren Blätter sich paarweise gegenüberstehen. So bilden sich tiefe Schalen, in denen sich Regenwasser sammelt. Vögel können hier herrlich baden. Nacktschnecken,

Schnecken und kleine Insekten erleben aber eine böse Überraschung. Wenn sie hungrig versuchen die Pflanze zu erklimmen, um an die zarten Blätter ganz oben zu gelangen, fallen sie ins Wasser und ertrinken.

WIESO trägt die Mimose ihren Namen zu Recht?

Die Mimose verfügt weder über Gift, noch hat sie Stacheln oder Brennhaare, um sich zu verteidigen. Deshalb ist sie sehr

empfindlich. Wenn man ihre federartigen Blätter auch nur ganz leicht streift, falten sie sich zusammen wie die Flügel eines Schmetterlings. So ist es unmöglich sie anzuknabbern oder hier ein Ei abzulegen.

WARUM stehen Walnussbäume stets allein?

Im Schatten eines Walnussbaumes wachsen keine anderen Pflanzen. Der Baum ist ein überzeugter Einzelgänger. Denn seine Blätter enthalten einen Stoff, der verhindert, dass andere Pflanzen keimen können. Wenn es regnet, wird das Blattgift gelöst, tropft zu Boden und breitet sich aus.

WIE beherbergt der tropische Ameisenbaum Ameisen?

Er lockt die Tiere mit einem süßen Saft an, den seine Zweige absondern. Krabbeln die Ameisen über den Baum, finden sie kleine Löcher, die ins Innere der hohlen, durch Scheidewände in Kammern eingeteilten Äste führen. Dort lassen sich die Ameisen häuslich nieder. Die Scheidewände haben ein Loch, sodass die Ameisen bequem von einer Kammer in die nächste gelangen können. Störenfriede werden gnadenlos angegriffen. Nur ein Tier fürchtet die Bisse der kampflustigen Ameisen nicht: das Faultier. Ihm schmecken die Blätter der Ameisen- bäume einfach zu gut.

WIE schützen Eichen ihre Blätter?

Es gibt viele Insekten, die ihre Eier in Eichenblätter legen. So können sich ihre Larven gleich nach dem Schlüpfen von den Eicheln und Blättern ernähren. Aber die Eichen sind schlau: Sie umgeben ihre Eicheln mit einer Art rotem Panzer, der alles enthält, was die Larven gerne fressen. So verliert der Baum zwar die ein oder andere Eichel, aber seine Blätter bleiben unberührt.

schmackhaften Masse ausgekleidet sind. Außerdem sondern Akazien an der Blattbasis Nektar ab. Manche Akazienarten stellen ihren Helfern, den Ameisen, sogar Proteine und Fette zur Verfügung.

WIE schützen sich Akazien vor Fressfeinden?

Akazien haben zwar große Dornen, aber das schreckt fresslustige Tiere kaum ab. Deshalb haben sie sich mit den Ameisen verbündet. Sie bieten ihnen Unterschlupf in ihren hohlen Dornen, die zusätzlich mit einer süßen,

NA SO WAS!

● Tabakpflanzen stellen Nikotin her. Mit diesem Gift schützen sich die Pflanzen vor Insekten und Parasiten.

FLEISCHFRESSENDE PFLANZEN

- **Fleischfressende Pflanzen leben wie alle Pflanzen von der Fotosynthese. Sie wachsen auf kargen Böden (Sand, Fels, Torf), die ihnen nur wenig Nährstoffe bieten. Um nicht zu verkümmern fangen sie zusätzlich noch kleine Tiere.**

- **Sie verspeisen Insekten, kleine Eidechsen, Mäuse und Vögel. Der Kannenstrauch verfügt über kannenartige Hohlräume, die 35 cm lang sein können.**

WARUM ist das Fettkraut nicht immer gleich gierig?

Das Fettkraut ist eine klebrige Pflanze. Um ihre Opfer zu verspeisen, rollt sie sie in ihre Blätter ein. Im Frühling bietet das Fettkraut den Insekten großzügig eine prall mit Nektar gefüllte Blüte an. Diese befindet sich am Ende eines langen Stängels und ist weit von den gefährlichen Blättern entfernt. Die Insekten bestäuben die Blüte mit Pollen, sodass viele neue Fettkrautpflanzen entstehen, die ihrerseits wiederum gerne Insekten fressen.

WIESO glänzt der Sonnentau?

Weil er von kleinen roten Haaren bedeckt ist, die glänzende, klebrige Tröpfchen absondern. Wenn Insekten ihre Fresswerkzeuge dort hineintauchen, bleiben sie einfach kleben. Dann beginnen die so harmlos aussehenden Haare sich um das Insekt zu legen und es zu verdauen.

WIE bringt der Kannenstrauch seine Opfer zum Stolpern?

Die gefährlichen, zu Kannenfallen umgewandelten Blätter befinden sich am Ende der rankenden Stiele. Die Ränder der Fallen sondern einen köstlichen Nektar ab, sind aber auch sehr glatt: Sobald sich hier ein Insekt niederlässt, rutscht es in die Kanne hinein. Dort wird es von einer Flüssigkeit zersetzt und von der Pflanze aufgenommen.

WIE fängt der Wasserschlauch seine Beute?

Der Wasserschlauch lebt unter Wasser. In Ruhestellung sind seine blasenartigen Blätter flach und leer. Sie haben aber eine Öffnung, die rundherum von kleinen Tasthaaren umgeben ist. Berührt ein Krebs solch ein Haar, öffnet sich für den Bruchteil einer Sekunde das

Blatt und saugt das Tier samt Wasser ein. Ehe sich das Beutetier versieht, befindet es sich schon im Inneren und wird verdaut.

Wenn der Sonnentau ein Insekt gefangen hat, braucht er mehrere Tage, um es zu verdauen.

WIE funktioniert die Venusfliegenfalle?

Die Venusfliegenfalle besitzt eine Klappfalle. Deren geöffnete Blätter enthalten Nektar und locken mit einem unwiderstehlichen Duft die Insekten an. Auf jedem Blatt wachsen drei steife Haare. Wird ein einzelnes Haar berührt, etwa von einem Regentropfen, passiert nichts. Vibrieren aber zwei Haare auf

einmal, handelt es sich bestimmt um ein Insekt: Die Venusfliegenfalle klappt zu. Die Ränder der zusammen-klappenden Blatthälften sind mit großen Zähnen besetzt, die ineinander-greifen. Das Insekt ist rettungslos gefangen.

ZACK

NA SO WAS!

● Auf Borneo wurde in einer der Fallen des Kannenstrauches ein Säugetier gefunden, das etwa so groß war wie ein kleines Kaninchen.

ORCHIDEEN

- **Orchideen bilden eine der größten Familien der Blütenpflanzen. Sie entstanden erst recht spät, sind aber schon sehr entwickelt.**

- **Orchideen wachsen überall auf der Erde. Bei uns in den gemäßigten Zonen wachsen sie auf dem Boden. In den tropischen Urwäldern hängen sie an Bäumen und strecken ihre Wurzeln frei in die Luft.**

- **Sie sind wegen ihrer herrlichen Blütenstände berühmt und begehrt.**

- **Orchideen haben drei Blütenblätter. Das mittlere Blatt zeigt nach unten und dient den Insekten als Landebahn.**

WIESO wachsen manche Orchideen in der Luft?

Sie haben sehr biegsame Stiele, die sich wie Arme um die Bäume schlingen. Ihre Wurzeln hängen frei in der Luft. Sie gleichen dicken Schwämmen, die das Wasser des Nebels und des tropischen Regens aufsaugen.

WARUM sehen manche Orchideen wie Insekten aus?

Die Ragwurz sieht tatsächlich wie die Hinterseite einer weiblichen Hummel aus. Sie hat die gleichen Streifen, Haare, Fühler und Flügel und sie verströmt sogar den gleichen Duft wie eine Hummeldame. Männliche Hummeln nähern sich begeistert, um sich an dem falschen Weibchen zu reiben. Die Pflanze hat ihren Nutzen davon: Sie bepudert sie über und über mit Pollen.

WIE keimen Orchideen?

Als die Orchideen vor 200 Jahren entdeckt wurden, wollten alle Gärtner so schöne Pflanzen besitzen. Es gelang ihnen aber nicht sie

zum Keimen zu bringen, denn Orchideen brauchen zum Wachsen einen Pilz. Er wächst unter der Erde und dringt in ihre Wurzeln ein. Der Pilz ernährt sich von der Orchidee und umgekehrt.

Der Venusschuh ist eine der schönsten Orchideen. Heute stehen alle Orchideen unter Naturschutz.

kleben, mit dem sie anschließend einen anderen Venusschuh befruchten.

WIE wandert das Knabenkraut?

Das Knabenkraut ist eine in Europa weit verbreitete Wiesenpflanze. Unter der Wurzel sitzen zwei dicke Knollen. Die eine ist fest und glatt, die andere ganz verschrumpelt. Jedes Jahr entsteht neben der alten Knolle eine neue, die sich von der alten ernährt. Die alte Knolle verliert ihre Kraft und verschwindet, sobald die junge Knolle aufgebaut ist. So wandert das Knabenkraut jährlich um

einige Zentimeter und kann Knolle für Knolle einen beträchtlichen Weg zurücklegen.

WIE betäubt der Rasselstendel Hummeln?

Wie bei vielen Orchideen befindet sich auch beim Rasselstendel der Pollen an zwei schmalen Keulen, die sich über die Blüte erheben. Sobald sich eine Hummel auf der Blüte niederlässt, schleudern ihr die Keulen den Pollen entgegen. Manchmal sind die Tiere von dieser Wucht ganz betäubt.

WESHALB ist der Venusschuh so begehrt?

Diese zitronengelbe Orchidee ist die schönste und größte Europas. Das Besondere an der Blüte ist die schuhähnliche, bauchige Blüttenlippe. Darüber befinden sich kleine, duftende, braune Flecken, die Nektar suchende Hummeln anlocken. Wenn sie die Blüte wieder verlassen, bleibt an ihrem Bauch Pollen

NA SO WAS!

- Die leichtesten Samen im Pflanzenreich hat die Epiphytische Orchidee. Eines ihrer Samenkörner wiegt nur 0,000 005 65 g.

GETREIDE UND CO

- *Als Nahrungsmittel sind für uns vor allem die verschiedenen Getreidearten wichtig. Weizen wird schon seit 9000 Jahren angebaut. Reis ernährt ein Drittel der Weltbevölkerung und wird seit 4000 Jahren angebaut. Aus Gerste braut man Bier und Hafer ernährt nicht nur die Menschen, sondern auch das Vieh.*

- *Getreide gehört zur Familie der Gräser. Es gibt 700 verschiedene Arten. Die Getreide-körner sind eng von ungenießbaren Hüllen umgeben, die vor der Verarbeitung entfernt werden müssen.*

- *Es gibt rund 20 000 verschiedene Hülsenfrüchte (Bohnen, Erbsen, Soja, Linsen ...). Ihre Früchte heißen Schoten.*

WIESO können Sonnenblumen nicht stillstehen?

Die großen Blüten der Sonnenblumen sind immer der Sonne zugewandt, damit die Kerne viel Licht bekommen und viel Öl produzieren. Im September neigen sich die Pflanzen dem Boden zu, weil ihre Kerne so schwer geworden sind. Sobald die Kerne reif sind, stirbt die Pflanze. Sie hat all ihre Kraft für die Entwicklung der Kerne verbraucht.

WARUM wurde der Weizen im Laufe der Zeit immer „nackter"?

Als man begann, Weizen anzubauen, bildete das Getreide lange Ähren und die Samen waren nur schwer herauszulösen. Sie waren von einer Hülle, dem Spelz, umgeben, der sich nur sehr schlecht entfernen ließ. Um die Körner zu lösen musste der Weizen gedroschen werden, was sehr anstrengend war. Schließlich hatte man die Idee, den Weizen mit einer anderen Getreideart zu kreuzen. So entstand eine Weizenart ohne Spelzen, die nicht sehr hoch wird und leicht zu ernten ist. Der ursprüngliche Hartweizen wird heute für die Herstellung vieler Nudeln verwendet. Brot und Kuchen werden aber meist aus dem weichen Weizen gebacken.

WIE helfen Kolibris der Vanille?

Eine einzelne Vanillepflanze kann sich ganz allein vermehren: Ihr Pollen befruchtet den Fruchtknoten derselben Blüte. Damit das klappt, müssen aber die Kolibris mithelfen. Wenn sie zum Nektartrinken kommen, entfernen sie ein Häutchen, das den Stempel von den Staubgefäßen trennt. Man

weiterreifen. Ohne Sonne wird er ganz blass, sodass er weniger bitter und sogar ein klein wenig wie Haselnüsse schmeckt.

versuchte lange, Vanille weit entfernt vom Urwald und den Kolibris anzubauen, aber ohne Erfolg. Eines Tages entdeckte ein Sklave, dass ein geschickt geführtes Bambusstöckchen die Vögel ersetzen kann. Seitdem kann Vanille auch außerhalb des Dschungels angebaut werden. Da man aber immer nachhelfen muss, bleibt die echte Vanille selten und teuer.

WARUM muss der Schikoree im Keller schmoren?

Eigentlich ist Schikoree ganz grün. Allerdings schmeckt er dann sehr bitter. Damit er genießbar wird, schneidet man ihn dicht am Boden ab und lässt ihn im Keller

NA SO WAS!

● Eine Handvoll Erdnüsse enthält mehr Proteine, Vitamine und Mineralsalze als ein gleich schweres Steak.

GARTENBLUMEN

- *Im Garten wachsen viele bekannte Blumen. Sie stammen aus aller Welt und werden wegen ihrer Schönheit gezüchtet. Dabei haben sie sich auch unserem gemäßigten Klima angepasst.*

- *Tulpen stammen aus der Türkei und wurden 1550 in Europa eingeführt. Sie gehören wie Lilien, Hyazinthen, Maiglöckchen, Knoblauch und Zwiebeln zu den Liliengewächsen.*

- *Margeriten sind Korbblütler. Auch Gänseblümchen, Kornblumen, die aus Japan stammenden Chrysanthemen und die aus Mexiko kommenden Dahlien gehören zu dieser Familie.*

WESHALB verbeugen sich Alpenveilchen?

Im Herbst drehen sich die Stängel des Alpenveilchens wie eine Spirale um sich selbst und neigen sich dem Boden zu. Auf diese Art vermehren sie sich. Wenn eine Blüte verwelkt, bleibt die Frucht am Ende des Stängels hängen. Wenn dieser nun zusammengerollt niedersinkt, drückt er die Frucht in die Erde.

WIESO sind Chrysanthemen Friedhofsblumen?

Chrysanthemen blühen im Oktober, in der Zeit um Allerheiligen herum. Sie lieben kurze Tage und lange Nächte. Deshalb schmücken sie im Herbst oft die Friedhöfe. Im Haus fühlen sie sich nicht wohl, weil es dort für ihren Geschmack viel zu viel Licht gibt.

WARUM wachsen Unkräuter auf frisch geharkten Beeten?

Weil diese Pflanzen zur gleichen Zeit wachsen, wie die angebauten Pflanzen, die sie umgeben. Ihre Samen warten geduldig im Boden, bis man ihnen ein hübsches Beet bereitet.

Tulpen und Primeln strecken ihre Köpfe schon an den ersten Frühlingstagen aus der Erde.

Die Veilchenblüten bestäuben sich jeweils selbst. Wenn es im Frühling nicht geklappt hat, klappt es bestimmt im Sommer.

WARUM fürchten Primeln die Kälte nicht?

Weil sich nur ein kleiner Teil von ihnen an die Erdoberfläche wagt. Der Rest reicht tief ins Erdreich hinab, wo die Samen gut versteckt warm gehalten werden.
Schneeglöckchen blühen schon ab März, Osterglocken ab April. Herbstzeitlose blühen

im Herbst. Alle diese Blumen wenden den gleichen Trick an: Ihre Samen können unterirdisch reifen und brauchen so die Kälte nicht zu fürchten.

WARUM blühen Veilchen 2-mal im Jahr?

Im Frühling blühen Veilchen zum ersten Mal im Jahr. Sie haben hübsche Blüten und verströmen einen herrlichen Duft. Im Sommer blühen sie ein zweites Mal, aber wir bemerken es kaum. Ihre Sommerblüten sind winzig und blass. Sie riechen nicht und öffnen sich nicht einmal.

NA SO WAS!

• Magnolien stammen aus Asien. Ihre Blüten könnten die ältesten der Welt sein, denn es wurden 5 Millionen Jahre alte versteinerte Magnolienblüten gefunden.

101

WIESENPFLANZEN

- **Wiesen sind das Reich der wild wachsenden Blumen und Kräuter. Sie sind widerstandsfähiger als die gezüchteten Gartenblumen.**

- **Auf vielen Wiesen und Feldern sieht man Pflanzen mit unzähligen, eng zusammen-stehenden Blüten. Sie heißen Doldenblütler. Zu ihnen gehören der Wiesenkümmel und der tödlich giftige Schierling, der leicht mit Petersilie zu verwechseln ist.**

- **Die Samen des Gartenampfers können 80 Jahre lang im Boden ruhen, bevor sie keimen. Deshalb wird er auch Geduldampfer genannt.**

WARUM wächst Gras nach, wenn es von Tieren abgeweidet wurde?

Gras wächst wie unsere Haare an der Wurzel nach und nicht wie viele andere Pflanzen an den Triebenden. Schneidet man es mal zu kurz, ist das auch nicht schlimm. Gras hat nämlich unterirdische Knospen, die nur auf ein Zeichen warten, um zu keimen.

WESHALB ist die Umarmung der Hopfenseide tödlich?

Die Stängel der Hopfenseide sind kleine, rote, sehr bewegliche Fäden. Wenn sie aus der Erde wachsen, beginnen die Stängel sich wie Propeller in der Luft zu drehen. Sobald sie dabei eine andere Pflanze treffen, heften sie sich an ihr fest. Die Stängel lösen sich aus dem Boden und umschlingen ihren neuen Wirt. Die Hopfenseide ernährt sich so lange von seinem Pflanzensaft, bis die

Wirtspflanze schließlich unter ihr eingeht. Sie wird auch Teufelszwirn genannt und ist der Schrecken der Wiese.

WIESO ist der Ackergauchheil ein Wetterfrosch?

Wenn ein Tag verspricht schön zu werden, öffnet der Ackergauchheil seine roten oder blauen Blüten ganz weit. Wenn es bedeckt ist, versteckt er sie halb unter den Blättern, unter denen sie erst wieder hervorlugen, sobald sich die Sonne zeigt. Wenn das Wetter schlecht ist,

Die Hopfenseide umschlingt ihre Wirtspflanze.

hält er seine Blüten geschlossen. Der Ackergauchheil breitet sich so schnell aus, dass er als Unkraut angesehen wird. Eine 100 m² große Wiese übersät er mit 500 000 Samen.

LEGEN Wiesen Eier?

Natürlich nicht! Aber nach Gewittern kann man manchmal große, weiße Kugeln entdecken, die einen Durchmesser von bis zu 50 cm haben. Hierbei handelt es sich um Pilze, um Riesenstäublinge. Wenn sie reif sind, platzen sie auf und schleudern Milliarden und Abermilliarden Sporen (das sind die Samen der Pilze) über die Wiese. Riesenstäublinge sind aber eher selten.

WARUM spielt das Wiesenrispengras Verstecken?

Die schönen violetten Blüten des Wiesenrispengrases können plötzlich verschwinden. Sobald sich eine Wolke vor die Sonne schiebt oder ein kühler Wind die Temperatur fallen lässt, schließen sich die Blüten im Handumdrehen. Sie sind dann so winzig, dass man sie kaum mehr erkennen kann. Wenn das Wetter allzu wechselhaft ist, öffnet das Wiesenrispengras seine Blüten überhaupt nicht. Ein plötzlicher Regenschauer würde sie zerstören.

NA SO WAS!

● Die Blüten des Klatschmohns verwelken schon nach einem Tag. Dafür stellt jede Blüte 2,5 Millionen Pollenkörner her. Deshalb sind sie so klebrig.

PFLANZEN IM WALD

- *Der Wald ist kein einfacher Lebensraum. Ständig müssen die Pflanzen darum kämpfen genug Platz zu haben und ans Licht zu gelangen. Der Artenreichtum ist*

begrenzt. Hier wachsen vor allem große Laubbäume wie Buchen, Eichen, Birken und Erlen. Im Unterholz findet man kleine Blumen und Sträucher wie Primeln, Waldhyazinthen und Heckenrosen.

- *Buchen sind die häufigsten Bäume in Europas Wäldern.*

- *Auf 1 ha Waldboden beginnen etwa eine Million junger Bäume zu keimen. Nur 100 von ihnen wachsen zu großen Bäumen heran.*

WARUM haben Buchen kleine Wurzeln?

Buchen sind die Riesen unserer Wälder. Allerdings stehen sie auf wackeligen Beinen, da ihre Wurzeln sehr kurz sind. Das ist aber nicht weiter schlimm, denn sie werden von einem Pilz tatkräftig unterstützt. Der Pilz lässt sich auf den Wurzeln der Buchen nieder und sein Geflecht durchdringt sie und die Erde ringsherum. Die Pilzfäden entziehen dem Boden Wasser und Mineralsalze und führen diese Nahrung dann den Buchen zu.

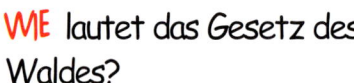

WIE lautet das Gesetz des Waldes?

Der Größere gewinnt. Wenn ein Baum etwas langsamer wächst als seine Nachbarn, wird er irgendwann in ihrem Schatten verkümmern. Deshalb sehen Waldbäume auch anders aus, als ihre Verwandten auf der Wiese. Letztere haben niedrige, weit ausladende Äste und laden so richtig zum Klettern ein. Die Stämme der im Wald wachsenden Bäume sind glatt und hoch aufgeschossen. Die Äste beginnen erst weit oben.

WESHALB haben die Blätter des Mäusedorns Beulen?

Diese Beulen sind die Früchte, und was Blättern gleicht, sind eigentlich Äste.

Bäume, die am Waldrand wachsen, haben stark ausgeprägte Seitenäste. Diese bekommen nämlich mehr Licht.

WIESO blühen Waldhyazinthen sehr früh?

Sie beeilen sich mit dem Blühen, weil sie kein Licht mehr bekommen, sobald die Buchen Blätter tragen. Waldhyazinthen lieben die Sonne und haben es so eingerichtet, dass sie sie mit den Bäumen teilen können. Die Blumen blühen von April bis Mai. Die Buchen bekommen ihre Blätter erst im Mai.

WARUM leuchten Esskastanien, bevor sie eingehen?

Ein honiggelber Pilz ist dafür verantwortlich. Dieser wächst unter der Rinde der Esskastanie und verschlingt sie von innen. Seine mehrere Meter langen Fasern durchziehen das Holz. Kommen die Fasern mit Luft in Kontakt, beginnen sie zu leuchten. Bäume in diesem Stadium werden den nächsten Frühling nicht mehr erleben.

Der stachelige Mäusedorn ist ein immergrüner Strauch, der im Unterholz wächst. An seinen Ästen entstehen ovale Schwellungen. Auf diesen falschen Blättern sitzen 5 mm große Blüten, die an Nelken erinnern. Aus ihnen entstehen kirschähnliche, rote Früchte, die im Zweiten Weltkrieg als Kaffee-Ersatz dienten.

NA SO WAS!

• 32 % der Erdoberfläche sind von Wäldern bedeckt. Sie nehmen eine Fläche von 44 Millionen km² ein.

WASSERPFLANZEN

- *Das Wasser ist der ursprüngliche Lebensraum der Pflanzen. Im Laufe der Evolution verließen sie die Ozeane und siedelten sich auf dem Land an. Einige Pflanzen kehrten aber ins Wasser zurück. Ob Schilf, Seerosen oder Mangrovenbäume, sie alle haben sich hervorragend an ihren Lebensraum angepasst.*

- *Mangroven sind salzige Sümpfe, die man in den Uferregionen tropischer Meere findet.*

- *Papyrus ist eine Schilfart. Dank seiner kräftigen Stiele, aus denen das erste Papier hergestellt wurde, kann er selbst in 10 m tiefen Gewässern wachsen.*

WIE locken Seerosen Maikäfer an?

Seerosenblüten öffnen sich gegen Ende des Nachmittags. Die weißen Blüten duften nach Ananas und locken Maikäfer an, die auf der Suche nach Pollen sind. Da die Pflanzen aber nicht wollen, dass ihr Blütenstaub verspeist wird, sind ihre Blüten leer und schließen sich, sobald ihre Besucher sie betreten haben. Sie öffnen sich erst am nächsten Abend wieder. Dann sind sie rosa und duften nicht mehr, dafür enthalten sie nun Pollen. Die verängstigten Maikäfer denken jetzt aber nur noch an ihre Freiheit und nicht mehr ans Fressen. Beim Verlassen der Blüte bleibt Pollen an ihren Beinen haften. Die schlechte Erfahrung ist schnell vergessen und sie fliegen eilig zur nächsten verlockenden Blüte.

WIESO gehen Schwimmpflanzen nicht unter?

Weil sie leichter sind als Wasser. Ihr Gewebe weist kleine Vertiefungen auf, die mit Luft gefüllt sind und die Pflanzen wie Schwimmbojen an der Wasseroberfläche halten. Seerosen gehen anders vor: Zu Beginn sind ihre Blätter unter Wasser zusammengerollt, wie dicke Zigarren. Dann entfalten sie sich und steigen nach oben, wo sie „toter Mann" spielen. Seerosenblätter sind zäh wie Leder. Das Wasser perlt sofort von ihnen ab und kann sich nicht auf ihnen ansammeln.

WARUM kann die Wasserhyazinthe eine wahre Plage sein?

Weil diese blau blühende Blume, die sich so hübsch am Wasserrand ausmacht, beileibe nicht so friedlich ist, wie sie aussieht. In nur einem

Einige Teichpflanzen:
1. Rohrkolben –
2. Sumpfdotterblumen –
3. blühende Binsen –
4. Binsen – 5. Teichlilien
– 6. Schilf – 7. Seerosen.

WESHALB sind die Wurzeln der Sumpfzypresse buckelig?

Sumpfzypressen wachsen in den morastigen Sümpfen des Mississippi. In diesem Lebensraum enthält das Wasser kaum Sauerstoff. Damit die Wurzeln der Sumpfzypressen atmen können, haben sie große Beulen, die bis über 1 m aus dem Wasser ragen.

sie dagegen schnell resistent wird.

WIE vermehren sich Mangrovenbäume, die in Salzwasser leben?

Die Nachkommen der Mangrovenbäume bilden sich am Ende der Äste. Sie fallen erst in den Sumpf, wenn sie groß genug sind.

Sommer kann eine einzige Pflanze für 65 000 Nachkommen sorgen! In Asien, Afrika und Amerika überwuchert die Wasserhyazinthe in manchen Seen und Flüssen sämtliche anderen Pflanzen. Dadurch hat sie auch den Tod von Fischen und Enten auf dem Gewissen. Auch chemische Bekämpfungsmittel können ihr nicht viel anhaben, da

NA SO WAS!

● Im Amazonasgebiet gibt es Seerosen der Gattung Victoria, deren Blätter einen Durchmesser von 2,5 m haben. Sie können das Gewicht eines Kindes tragen.

PFLANZEN DER BERGE

- *In den Bergen haben die Pflanzen ein hartes Leben. Oft ist es sehr kalt, der Wind weht heftig und die Sonne brennt erbarmungslos vom Himmel. Zwischen Tag und Nacht kommt es zu großen Temperaturunterschieden. Trotzdem wachsen noch weit oben winzige, zierliche Blumen.*

- *Das Edelweiß ist wie die Margerite ein Korbblütler. Es entstand vor 30 Millionen Jahren.*

WARUM wachsen in den Bergen viele kriechende Pflanzen?

Weil es tagsüber zu sonnig ist und nachts zu kalt. So kann der Stängel nicht in die Höhe wachsen. Dafür werden die Wurzeln, die wohl geschützt in der warmen Erde liegen, immer länger. Sie können mehrere Meter lang werden. In Schräglage und gut im Boden verankert kann der Wind den Pflanzen nichts anhaben. Und wenn sie sich dicht aneinander drängen, brauchen sie auch die Kälte nicht zu fürchten.

WIE überleben die Pflanzen den Frost?

Das Pflanzengewebe ist bei Bergpflanzen anders beschaffen als bei den Pflanzen, die in der Ebene wachsen. Es besteht aus kleineren Zellen mit dicken Wänden, die sich beim Wechsel von Frost und Wärme nicht verformen. Außerdem enthalten Bergpflanzen viele Mineralsalze, aber nur wenig Wasser, sodass sie nicht schon bei 0 °C frieren, sondern erst bei tieferen Temperaturen.

WIE nutzen Schäfer Silberdisteln?

Sobald die Luft feucht wird, bedeckt die Silberdistel ihre große, gelbe Blüte mit ihren Blättern. Sie lässt sich niemals von einem Regenguss überraschen. Die Schäfer nutzen sie als Barometer. Sie müssen nur die Silberdistel ansehen, um zu wissen, ob ein Gewitter droht und sie die Herden Heim treiben müssen.

WARUM sind Gebirgsblumen so bunt?

Der Sommer in den Bergen ist kurz und die Blumen müssen so schnell wie möglich Insekten anziehen,

Blüten ist es oft 20 °C wärmer als draußen.

WIESO sind Glockenblumen behaart?

Glockenblumen dienen nachts oder bei schlechtem

Wetter als Unterschlupf für Insekten. Wenn die Blume ihre behaarten Blüten schließt, können es sich darin lauter glückliche Insekten bequem machen.

um bestäubt zu werden. Also werfen sie sich richtig in Schale. Außerdem können sie durch die knalligen Farben das Sonnenlicht besser aufnehmen. Blau und Violett absorbieren die Wärme und halten gleichzeitig die gefährlichen ultravioletten Strahlen der Sonne ab, die beim Menschen Sonnenbrand verursachen.

WELCHEN Vorteil hat die Form der Enzianblüten?

Sie bündelt die Sonnenstrahlen und richtet sie gezielt auf das Innere der Blüte, auf die Brutkammer der Samen. Christrosen nutzen das gleiche System. In ihren

NA SO WAS!

● Der nepalesische Schärfling ist eine kleine, kompakte und behaarte Blume, die in 6000 m Höhe im Himalaja wächst.

AM MITTELMEER

- *Die immergrüne, strauchige Heide, die man häufig am Mittelmeer findet, wird Garrigue genannt. Man findet solche Landschaften auch in Kalifornien, Südafrika und an den Küsten Australiens.*

- *Die Winter im Mittelmeerraum sind kurz und mild. die Sommer trocken und heiß. Nur wenige Pflanzen, die sich an den Wassermangel gewöhnt haben, wachsen in der Garrigue. Dazu gehören vor allem immergrüne Bäume wie Ölbäume, Steineichen, Korkeichen und Nadelbäume. Außerdem fühlen sich hier niedrige, strauchartige Pflanzen, die gut riechen, wohl wie Thymian, Rosmarin, Myrte, Zistrosen und Lavendel.*

WIE übersteht der Ölbaum Trockenzeiten?

Der Ölbaum hat wie viele andere Pflanzen der Garrigue ganz kleine, zähe Blätter. Sie sind mit einer Wachsschicht überzogen, sodass Wasser verdunsten kann. Außerdem sind die Blätter auf der Oberseite dunkelgrün, um die gefährlichen Sonnenstrahlen abzuhalten. Auf der Unterseite sind sie weiß und von kleinen weichen Haaren bedeckt, die wie ein Puffer vor der Hitze schützen.

WIE entstand die Garrigue?

Der Mittelmeerraum gehört zu den Gegenden der Welt, die schon vor sehr, sehr langer Zeit bewohnt wurden. Im Laufe der Jahrhunderte hat der Mensch die Wälder abgeholzt, um Platz für seine Felder zu schaffen und Ackerbau betreiben zu können. Das hat den Boden

ausgelaugt. Dazu kamen Brände, Trockenheit, ein heftiger Wind, der Mistral, und die Gefräßigkeit von Schafen und Ziegen.

WIE schützen sich Kiefern gegen Trockenheit?

Kiefern besitzen zwei verschiedene Wurzelarten. Die eine breitet sich dicht unter der Erdoberfläche aus, um den kleinsten Regentropfen aufzusaugen. Die andere Wurzelart, die Pfahlwurzeln, reicht tief in die Erde bis an das Grundwasser, den Wasserspeicher der Erde.

WIE kommt der Brennende Busch zu seinem Namen?

In der Garrigue riecht es gut. Die Pflanzen verströmen betörende Düfte, um die von der Hitze trägen Insekten aufzuwecken. Der Brennende Busch übertreibt es etwas. Nicht nur seine Blüten sind parfümiert, sondern auch seine Blätter und Stängel. Allerdings ist Vorsicht geboten, denn dieses Parfüm ist leicht zu entzünden! Nähert man sich dem Brennenden Busch mit einem Streichholz, fängt die Luft ringsum sofort Feuer. Der Brennende Busch selbst kann nicht verbrennen!

WARUM sind Oleanderblätter auf der Unterseite behaart?

Um die Spaltöffnungen zu bedecken, über die das Wasser verdunstet und die Pflanzen atmen. Diese Öffnungen liegen aber nicht an der Oberfläche des Blattes, sondern befinden sich in kleinen Vertiefungen, die mit Härchen ausgekleidet sind. So bleibt die Luft an der Pflanze kühl und feucht.

WARUM verliert die Wolfsmilch ihre Blätter im Frühling?

Sie hält lieber im Sommer Winterschlaf, um unter der Hitze nicht so zu leiden. Im Herbst und im Winter trägt sie dann ihr Laub zur Schau. Im Sommer sieht man nur ihre stacheligen Zweige, denen die Sonne nichts anhaben kann. Selbst für Schafe sind sie nicht besonders anziehend.

NA SO WAS!

● Der Oleander ist eine der giftigsten Pflanzen überhaupt. Als Napoleons Truppen Spanien überfielen, mussten einige seiner Soldaten sterben, weil sie ihre Mahlzeiten über einem Feuer aus Oleanderholz bereiteten und sich dabei vergifteten.

IN DER SAVANNE

- *Auf Spanisch heißt die Savanne „sabana", was soviel bedeutet wie Brachland, unbebautes Land.*

- *Die Savanne erstreckt sich in Afrika und in Amerika nördlich und südlich der Tropen über weite Gebiete. Hier wachsen gelbe Gräser, vereinzelte Sträucher und Bäume.*

- *In der Savanne gibt es nur zwei Jahreszeiten: In der Regenzeit blüht alles und in der langen, 9-monatigen Trockenzeit verkümmern die Pflanzen wieder.*

- *Der Affenbrotbaum ist typisch für die Savanne. Er kann bis zu 1000 Jahren leben. Einige Exemplare sind wohl sogar 5000 Jahre alt.*

WIE überstehen Affenbrotbäume die Trockenzeit?

Sie speichern Wasser in ihrem Stamm. Der Stamm der Affenbrotbäume ist weich und ähnelt einem Schwamm. In der Regenzeit entziehen

sie mit ihren tief reichenden Wurzeln der Erde so viel Wasser wie möglich, um es dort zu speichern. Der Stamm bläht sich dabei immer stärker auf und kann einen Durchmesser von 9 m erreichen, bis er wie eine bauchige Flasche aussieht.

WARUM verlieren Schirmakazien bei Regen ihre Blätter?

Weil der Regen so heftig ist, dass er die Blätter ohnehin beschädigen würde. Auch ohne Blätter können die Akazien weiterhin

Fotosynthese betreiben und weiterwachsen, da sie grüne Dornen haben. In der Trockenzeit behalten die Bäume ihre Blätter, wenden sie aber von der Sonne ab oder rollen sie gegen die Hitze ein. Ihren Namen verdanken die Schirmakazien ihrer typischen Form.

Die afrikanische Savanne ist der Lebensraum vieler pflanzenfressender Säugetiere wie Gazellen und Giraffen.

WESHALB sollte man sich vom Manzanillenbaum fern halten?

Weil die Berührung seiner Früchte, Blätter, Äste und vor allem seiner Rinde sofortiges Unwohlsein auslöst und sogar zum Tod führen kann. Der Manzanillenbaum wächst in Mittelamerika. Die Indianer nennen ihn „arból de muerte", Todesbaum. Früher wurde er als Marterbaum benutzt: Die Verurteilten wurden an den Stamm gefesselt und starben innerhalb von 24 Stunden.

WARUM heißt der Quellenbaum auch Baum der Reisenden?

Dieser Baum wächst auf Madagaskar. Seine Blätter haben die Form einer Lanze und werden 3 bis 4 m lang. Sie sind fächerartig angeordnet und fügen sich am Ansatz ineinander, sodass am Stamm kleine Schalen entstehen. Darin sammelt sich Regenwasser oder Tau. Wer durch die trockene Savanne reist, freut sich sehr über diesen Baum. Das frische Wasser löscht den Durst und die köstlichen Früchte stillen den Hunger.

WIESO heißt das hohe Gras der Savanne Elefantengras?

Weil es 5 m hoch ist, höher, als zwei Menschen übereinander. Den Elefanten reicht es gerade bis zum Bauch. Zum Glück können die steifen, scharfkantigen Halme den Tieren aber nichts anhaben.

NA SO WAS!

● Blühende Affenbrotbäume sieht man so gut wie nie. Die Blüten öffnen sich nämlich erst in der Abenddämmerung und verwelken am nächsten Morgen.

IN DER WÜSTE

- Als Wüste im engeren Sinn bezeichnet man eine pflanzen- und tierlose Gegend. Die Trockenzeit kann dort mehrere Jahre anhalten und wenn es endlich regnet, versickert das Wasser schnell im sandigen Boden.

- Einige Pflanzen haben sich aber trotzdem an diesen Lebensraum angepasst. Zwei Überlebensstrategien haben sich dabei besonders bewährt: Entweder rollen sich die Pflanzen am Boden zusammen, damit sie nicht austrocknen, oder sie haben eine dicke Haut und Stacheln wie die Sukkulenten. Diesen Pflanzen hilft außerdem ein spezieller Pflanzensaft dabei, Wasser zu speichern.

WARUM verdursten Kakteen nicht?

Kakteen sind gute Wasserspeicher. Die Mexikaner halbieren sie in der Wüste, um ihren Durst zu stillen. Sobald es regnet, nehmen die unzähligen, dicht unter der Erdoberfläche liegenden Wurzeln das Wasser auf, bevor es im Sand versickern kann. Dann speichern die Kakteen es in ihren großen Ästen. Der Stamm und die Äste der Kakteen sind wie ein Akkordeon gefaltet. Wenn sie sich voll Wasser saugen, entfalten sie sich. Wenn das Wasser nach und nach verbraucht wird, ziehen sich wieder zusammen.

WIE vermehren sich Steppenroller?

Steppenroller sind in den Wüstengebieten im Westen der USA weit verbreitet. Sie sehen wie Strohbälle aus und werden vom Wind über den Boden getrieben. Die jungen Pflanzen sind grün und wachsen fest am Boden. Wenn sie ein Jahr alt sind, trocknen sie aus, rollen sich zusammen und der Stängel, der sie festhielt, bricht ab. So beginnt ihre Reise durch die Wüste. Manchmal treffen sie auf andere Steppenroller und

vereinen sich mit ihnen. Schließlich bilden sich Samen, die durch das Herumrollen verteilt werden. Dadurch haben sich die Steppenroller stark ausgebreitet. Sie eroberten auch Mexiko und sind sogar in Kanada zu finden.

In der Wüste Neumexikos klettern oft Luchse auf die hohen Saguaros, die Riesenkakteen.

WARUM verkleidet sich der Lithops als Stein?

Um hungrigen Antilopen und Büffeln zu entgehen. Lithops wachsen inmitten von Steinen und gleichen ihnen aufs Haar. Sie sind grau, rund und flach wie ein Kiesel und werden auch Lebende Steine genannt. Sie haben keine Blätter und keinen Stängel, lediglich ihre gelbe Blüte, die dem Löwenzahn ähnelt, verrät sie manchmal. Sie blüht nur einen Nachmittag, gerade lang genug, um Insekten anzulocken.

WIESO haben Kakteen Dornen?

Für Wüstenpflanzen sind Blätter unpraktisch: Über sie verdunstet das kostbare Wasser, sie sind empfindlich und erfrieren schnell. Und in der Wüste fallen die Temperaturen nachts unter 0 °C. Außerdem locken sie gefräßige Antilopen an.

WESHALB sind manche Kakteen behaart?

Damit es ihnen nicht zu heiß wird. Es gibt nichts Besseres, um die Sonnenstrahlen zu reflektieren, als eine lange, silberweiße Mähne. Die Beduinen Afrikas wissen das genau und hüllen sich deshalb in weiße Kapuzen-mäntel, die Dschellaba heißen.

NA SO WAS!

• Der größte Kaktus der Welt ist der Saguaro oder Riesenkaktus. Er kommt nur in Amerika vor und wächst zum Beispiel in der mexikanischen Wüste. Saguaros können über 20 m hoch werden.

WIE überleben Haworthien unter der Erde?

Wenn es zu lange Zeit nicht regnet, ziehen sich die Haworthien zurück. Diese Fettpflanzen leben in den Wüsten Südafrikas. Bei anhaltender Trockenheit ziehen sich ihre langen Wurzeln zusammen und die Pflanze verschwindet in der Erde. Nur die Enden ihrer dicken Äste schauen noch aus dem Sand heraus. Sie sind an den Rändern mit kleinen, weißlichen Zähnen oder Warzen verziert. Über die Triebenden können sie das Sonnenlicht aufnehmen und Fotosynthese betreiben. Die Haworthien sind dadurch nicht nur vor der brennenden Sonne geschützt, sondern auch vor Tieren. Erst beim nächsten Regenguss kommen sie wieder zum Vorschein.

WARUM sind manche Wolfsmilcharten Schummler?

In Afrika gibt es Wolfsmilcharten, die dem mexikanischen Riesenkaktus zum Verwechseln ähnlich sehen. Sie haben einen gerillten Stamm, Dornen und sind prall mit Wasser gefüllt. Aber man kann sie trotzdem erkennen: Ihre Blüten sind klein und unscheinbar. Sie haben nicht einmal Blütenblätter. Am Ende jedes Astes sitzen eine weibliche und mehrere männliche Blüten, die für Nachwuchs sorgen.

WIESO verliert die Welwitschie niemals ihre Blätter?

Weil sie nur zwei besitzt! Die Welwitschie gehört zu den seltsamsten Pflanzen der Erde. Sie besteht aus einem sehr kurzen Stängel, der kaum aus der Erde ragt, und zwei Blättern, die immer weiterwachsen, so lange die Pflanze lebt. Welwitschien können 2000 Jahre alt werden! Die langen Blätter werden aber an den Enden immer wieder vom Wind zerzaust und gerupft.

WESHALB machen Agaven Geräusche?

Agaven blühen nur ein einziges Mal in ihrem Leben: Erst im Alter von 20 bis 25 Jahren wächst ihnen ein sehr langer, mit Blüten besetzter Stamm. Danach sterben die Pflanzen vor Erschöpfung. Damit die Kolibris, die den Nektar der

Agavenblüten trinken, das Ereignis nicht verpassen, kündigen es die Agaven mit einem lauten Geräusch an. In Mexiko wird aus Agaven Alkohol hergestellt, der Meskal. Für den Geschmack wird in jede Flasche eine lebendige Larve gesteckt.

Die Welwitschie wird auch Tumbo genannt.

WESHALB leben Tillandsien auf elektrischen Leitungen?

Sie lieben es, erhöht zu sitzen. Deshalb heften sie sich an Saguaros oder eben an elektrische Leitungen. Da sie weder Stängel noch Wurzeln haben, schlingen sie ihre Blätter um die Leitung. Tillandsien leben allein von Luft und Wasser. Sie sind von kleinen grauen Härchen bedeckt, die das Wasser des Morgentaus und die winzigen Wasserpartikel der Luft auffangen.

WIE verwandeln Kriechende Teufel die Wüste in Dornengestrüpp?

Diese mexikanischen Kakteen wachsen nicht in die Höhe, sondern kriechen über den Boden. Ihre sich in alle Richtungen verzweigenden Stängel sind dick und mit spitzen Stacheln besetzt. Sie überwuchern sämtliche Hindernisse und bilden schließlich ein Dickicht aus scharfen Stacheln. Allerdings sind die Kriechenden Teufel vom Aussterben bedroht. Sie flüchten vor den Bewässerungsbemühungen der Mexikaner, denn ihr einziger Feind ist das Wasser!

NA SO WAS!

● Der Riesensäulen-kaktus ist der dickste Kaktus der Welt. Er kann gegen Ende seines Lebens, im Alter von etwa 300 Jahren, 10 t Wasser speichern.

IM URWALD

- *In den Gebieten um den Äquator treten häufig sintflutartige Regenfälle auf und die Temperatur fällt niemals unter 18 °C. Hier erstreckt sich der tropische Regenwald. In ihm wachsen riesige Bäume, die über 50 m hoch werden können, Lianen, Farne und wunderschöne Blumen.*

- *Der Regenwald des Amazonas bedeckt 7 Millionen km². Er stellt 40 % des Sauerstoffs unserer Atmosphäre her.*

- *Der Urwald ist die älteste Pflanzen- gemeinschaft auf der Erde.*

WODURCH sterben die Urwaldriesen?

Diese Bäume werden oft von den langen Stängeln der Schlingpflanzen erwürgt. Sie sterben aufrecht stehend ab. Auf ihren Stämmen wurzeln junge Bäume, die sich so lange von ihnen ernähren, bis sie vermodern und umfallen.

WARUM baumeln Lianen oft in der Luft?

Dies tun nur die älteren Pflanzen. Die Bäume, an die sie sich geheftet hatten, sind schon lange tot und umgefallen. Die Lianen baumeln also herab und dienen nur mehr Affen als Transportmittel.

WARUM haben Urwaldbäume keine Jahresringe?

Weil es im Urwald keine Jahreszeiten gibt. Das Wachstum der Bäume ist immer gleichmäßig. Ihr Holz ist ganz glatt und ebenmäßig. Aus Teakholz und Ebenholz werden sehr schöne Möbel hergestellt. Aber unser Klima braucht lebende Urwaldbäume.

Dunkelheit umhertasten und sich an alles heften, was hart und unbeweglich ist. Lianen hören erst dann auf zu wachsen, wenn sie das Blätterdach des Urwalds durchdrungen haben. Dann können sie sich ausruhen und blühen.

WESHALB hat die Ananas weiße Blätter?

Ihre Blätter sind so angeordnet, dass sie am Stamm kleine Wasserspeicher bilden. Diese sind von kleinen, weißen Schuppen bedeckt, die das Wasser aufnehmen. Wenn es trocken ist, schmiegen sich die Schuppen an

die Blätter und verhindern so, dass zu viel Wasser verdunstet und die Pflanzen eingehen.

WIESO flüchten Japaner bei einem Erdbeben unter Bambuspflanzen?

Bambus hat ein so dichtes Wurzelwerk, dass er den Boden stabilisiert. Wo Bambus wächst, können sich keine Spalten in der Erde auftun. Bambus ist ein Tausendsassa. Seine jungen Triebe sind essbar, er eignet sich zur Herstellung von Papier, Möbeln und Korbwaren und ist als Feuerholz nutzbar. Er wird sogar im Gerüstbau eingesetzt, da er 3-mal so belastbar ist wie Stahl.

10 000 TAGE SPÄTER ...

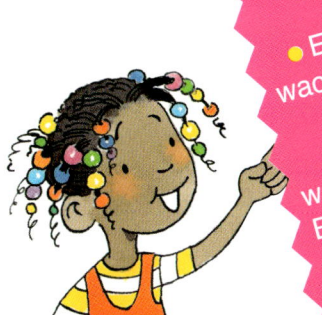

NA SO WAS!

• Einige Bambusarten wachsen an nur einem Tag bis zu 1,20 m.
• Im Amazonasgebiet wachsen 500 verschiedene Baumarten. In Europa sind es gerade einmal 50.

WIE wachsen Lianen?

Lianen wollen so schnell wie möglich ans Licht gelangen. Sie keimen dicht am Erdboden, im Schummerlicht des Urwaldes, und beginnen bald mit ihrem Aufstieg. Sie bekommen lange, bewegliche Stängel, die sie um die Stämme der Bäume schlingen. Ihre Blätter sind mit winzigen Fädchen ausgestattet, die in der

IN DER TUNDRA

Die Tundra ist die letzte große, von Pflanzen bewachsene Region, bevor die Eiswüste des Nordpols beginnt. Sie bildet rund um den Pol eine weite, grüne Ebene und erstreckt sich über eine 8 Millionen km² große Fläche. Das entspricht 6 % der Erdoberfläche.

Die Winter sind hier lang und eisig. Wenn Schnee und Eis geschmolzen sind, zeigt sich der nur vier bis acht Wochen lange und mit Höchsttemperaturen von 6 °C kühle Sommer mit vielen bunten Blumen. Die Tundra verlieh Grönland den Namen „grünes Land".

WESHALB verändert sich die Tundra so schnell?

Da der Sommer hier kurz ist, dürfen die Pflanzen keine Zeit verlieren. Plötzlich blüht alles in leuchtendem Purpur, Blau und Gelb, um die Insekten anzulocken. Die sonst so eintönige Tundra gleicht nun einem Garten.

WIE entstehen die Sümpfe der Tundra?

In der Tundra regnet es nicht, trotzdem gibt es hier viele Sümpfe. Sie entstehen bei der Schneeschmelze im Sommer. Der gefrorene Boden kann nicht das gesamte Schmelzwasser aufnehmen, sodass es sich an der Oberfläche sammelt. Im Sommer sind diese Sümpfe von unzähligen Mücken bevölkert.

WIESO sind die Prärien der Tundra buckelig?

Mitten in der flachen Tundra erhebt sich hier und da ein Buckel. Diese Erhebungen bestehen aus gefrorenem Wasser, das sich im Boden staut. Wenn die Temperaturen in manchen Jahren

Die Pflanzen der Tundra ducken sich dicht über den Boden, damit der stürmische Wind sie nicht mit sich fortreißt.

~~~~~~~~~~

südlichen Tundra stehen lediglich einige kleine Weiden und Zwergbirken.

WIESO kann man in der Tundra an manchen Stellen einsinken?

Weil das Wasser der Sümpfe die Stängel der Pflanzen verfaulen lässt und Torf entsteht. Das ist eine schwarze Masse, die weich wie ein Schwamm ist und schon unter dem Gewicht eines Kindes nachgibt. Früher nutzten die Bewohner Islands den Torf zum Heizen. Allerdings entwickelte

er starken Rauch und nur wenig Hitze und obendrein roch es sehr unangenehm.

~~~~~~~~~~

WARUM fallen die abgestorbenen Blätter der Grönland-Lichtnelken nicht ab?

Die Blätter hüllen die Pflanzen in eine Art Mantel, der sie vor der Kälte schützt. Die Lichtnelken bilden im Sommer rosafarbene Blütenteppiche. Ihre Blüten wachsen immer auf der nach Süden gewandten Seite der Pflanzen.

ansteigen, tauen die Eishügel auf und bilden kleine Teiche.

~~~~~~~~~~

WARUM wachsen in der Tundra keine Bäume?

Weil der Boden im hohen Norden immer gefroren ist. Hier herrscht Dauerfrost. Selbst im Sommer taut nur ein kleiner Teil der Erdoberfläche auf. Die Pflanzen können ihre Wurzeln nicht tiefer als 10 bis 12 cm in den Boden treiben. Bäume, die starke, tiefgehende Wurzeln brauchen, können hier also nicht wachsen. In der

NA SO WAS!

● Am Südpol sind 98 % der Erdoberfläche das ganze Jahr über von Schnee bedeckt. Hier wachsen nur zwei verschiedene Blütenpflanzenarten.

DIE HEILKRAFT DER PFLANZEN

- *Pflanzen wurden schon vor Jahrhunderten gesammelt, um Krankheiten zu behandeln. Lange Zeit glaubten die Menschen sogar, dass man aus ihnen Zaubertränke herstellen könnte.*

- *Die Wirkstoffe der Pflanzen werden heute in Labors nachgebildet, um Medikamente herzustellen.*

- *Kamille wirkt appetitanregend und fiebersenkend.*

WAS hat der Sonnentau mit Schnupfen zu tun?

Den Sonnentau bedecken kleine, rote Haare, an denen klebrige Tröpfchen hängen. Im Mittelalter fragte sich der Gelehrte Paracelsus, ob das Aussehen der Pflanze ein Hinweis darauf sei, dass sie

Abhilfe bei Schnupfen schaffen könnte. Und er hatte Recht. Seither wird aus Sonnentau ein sehr wirksames Schnupfenmittel hergestellt.

WIESO kann ein kleiner Pilz Leben retten?

Der Schimmelpilz Penicillium notatum ist weiß, winzig klein und bildet kleine Fädchen. Außerdem stellt er ein Gift her, mit dem er seine Nachbarn und Konkurrenten zur Strecke bringt. Aber diesem Pilz verdanken wir es, dass heute niemand mehr an der Grippe sterben muss. Der britische Bakteriologe Alexander Fleming stellte 1928 aus diesem Gift eines der wirksamsten Medikamente her: das Penizillin, das in Antibiotika enthalten ist.

WESHALB ist das Madagaskar-Immergrün so kostbar?

Dieses Immergrün unterscheidet sich äußerlich von seinen Verwandten dadurch, dass es keine blauen, sondern rosafarbene Blüten trägt. Das Besondere an ihm ist aber, dass es einen Stoff herstellt, mit dem die meisten Krebserkrankungen behandelt werden können, vor allem die schlimmste, Leukämie.

Du solltest die Christrose besser nicht anfassen. Sie kann starken Juckreiz auslösen.

WIE hilft die Christrose geistig Kranken?

Schon seit der Antike weiß man, dass die Christrose die Anfälle geistig kranker Menschen abschwächen kann. Allerdings dürfen nur ganz, ganz kleine Dosen verabreicht werden, da das von ihr hergestellte Alkaloid hoch giftig ist und zu Herzstillstand und Lähmungserscheinungen führen kann.

WIESO fasziniert die Alraune die Menschen?

Lange Zeit wurden der Alraune Zauberkräfte zugeschrieben. Man glaubte sogar, sie könne unsichtbar machen. Dabei ist die Pflanze eher unauffällig. Ihre länglichen Blätter wachsen direkt aus dem Boden und sie hat winzige blaue Blüten. Das Eigenartigste an ihr sind aber ihre Wurzel, die die Form eines Menschen hat, und ihre Früchte. Diese leuchten nachts bläulich. Wenn man die Pflanze ausgräbt, entfährt ihr angeblich ein Schrei. Zaubern kann man mit der Alraune nicht, aber man soll aus ihr einen Liebestrank herstellen können.

NA SO WAS!

● Das wirksamste Gift des Pflanzenreiches ist das Gift des Eisenhuts: 4 g der frischen Wurzel reichen, um einen Menschen zu töten. In Indien benutzt man es bei der Jagd auf Büffel und Elefanten.

123

DIE ZUKUNFT DER ERDE

- *Sind wir dabei, die Umwelt zu zerstören? Die Abholzung der Wälder, der Ausstoß gefährlicher Schadstoffe in die Luft und die Verunreinigung des Wassers können in der Zukunft zu großen Problemen führen.*

- *Kohlendioxid ist wesentlich für den Treibhauseffekt*

verantwortlich. Trotzdem verschmutzen die Menschen die Luft weiterhin mit jährlich 7 Milliarden t Kohlendioxid. Das entspricht 40 kg pro Mensch und Tag.

WARUM ist das Loch in der Ozonschicht bedrohlich?

Weil Ozon die gefährlichen ultravioletten Strahlen der Sonne filtert. Wenn diese Strahlen zur Erde gelangen, zerstören sie das Plankton in den Meeren, von dem sich die Fische ernähren. So könnte die gesamte Nahrungskette ins Schwanken geraten.

Außerdem verursachen diese Strahlen Krankheiten der Haut und der Augen. Das Ozonloch, das sich bereits über der Antarktis befindet, ist so groß wie die USA. Auch über der Arktis entstehen schon kleinere Löcher.

WORIN besteht der Treibhauseffekt?

Der Treibhauseffekt ist eigentlich ein natürlicher Vorgang. Wasserdampf und Kohlendioxid, die sich in der Atmosphäre befinden, bilden einen Schutzschild rund um die Erde. Dadurch kann die Wärme nicht ins All entweichen. Ohne Treibhauseffekt wäre es auf der Erde −18 °C kalt und es gäbe kein Leben. Heute ist in der Luft allerdings viel mehr Kohlendioxid vorhanden als früher und es wird immer wärmer. Wissenschaftler haben errechnet, dass die Temperatur in 50 Jahren 4 °C höher sein wird als heute. Dieser Temperaturanstieg bringt die Gletscher zum Schmelzen und die Meere werden ansteigen.

WELCHE Rolle spielen die Wolken?

Wenn es wärmer wird, wird die Luft feuchter. Somit gibt es mehr Wolken und der Himmel ist bedeckt. Bei bedecktem Himmel gelangt aber weniger Sonnenwärme zur Erde, also wird es wieder

So sähe New York aus, wenn es zu einer neuen Eiszeit käme.

WESHALB müssen wir vielleicht bald wie am Nordpol leben?

Seit der Entstehung der Erde wechseln sich immer wieder sehr kalte Perioden, die Eiszeiten, mit wärmeren Wetterphasen ab. Jede Eiszeit dauert 100 000 Jahre. Der Wechsel zwischen Eiszeit und wärmerer Periode entsteht, weil die Erde bei der Drehung um sich selbst in regelmäßigen Abständen unterschiedlich weit von der Sonne entfernt ist. Obwohl sich die Eismassen vor genau 10 000 Jahren zurückzogen, gehen viele Wissenschaftler davon aus, dass die letzte Eiszeit noch nicht vorüber ist und wir nur eine Zwischeneiszeit erleben.

kühler. Außerdem könnte es in den Bergen und an den Polen auf diese Weise zu besonders heftigen Schneefällen kommen.

und verunreinigen das Wasser der Wolken. Dieser saure Regen lässt in Europa die Bäume sterben, vergiftet die Fische in den Seen und greift die Bausubstanz der Häuser in den Städten an.

WARUM ist der Regen giftig?

Die Abgase von Autos und Fabriken steigen in den Himmel und werden von der Sonne erhitzt. Dabei verwandeln sie sich in Gift

NA SO WAS!

● In Mexiko-Stadt ist die Luft so verschmutzt, dass man täglich so viel Gift einatmet wie von 40 Zigaretten.
● Die oft in Sprühdosen verwendeten Fluorkohlenwasserstoffe vergrößern das Ozonloch!